CH. PAUL DE KOCK

LE
PROFESSEUR FICHECLAQUE

ÉDITION ILLUSTRÉE DE VIGNETTES

PRIX : 80 Centimes.

PARIS
VICTOR BENOIST ET Cⁱᵉ, ÉDITEURS, RUE GIT-LE-CŒUR, 10, A PARIS
Ancienne Maison CHARLIEU et HUILLERY.

LE
PROFESSEUR FICHECLAQUE

Par CH. PAUL DE KOCK

I

DEUX SŒURS

— Décidément, j'ai assez travaillé ce soir; il est huit heures passées. On peut bien se reposer quand on a fait des fleurs toute la journée... Est-ce que tu ne vas pas quitter ton ouvrage, toi, Angèle ?

— Pas encore. Je voudrais finir cette broderie pour ma jolie dame de la rue d'Antin...

— Ah ! la comtesse de Valgrave. Mais tu as tout le temps, rien ne te presse, tu m'as dit toi-même que cette dame ne t'avait pas demandé ces beaux mouchoirs pour une époque fixe.

— Je le sais bien, mais j'ai du plaisir à faire cet ouvrage.

— Ils seront superbes, ces mouchoirs; on doit te payer cela très-cher !

— Oh! ce n'est pas pour cela que j'y mets tant de soin; mais je suis bien aise de contenter cette jeune dame, elle est si aimable, si gentille, pas fière du tout... Elle me fait asseoir près d'elle, et cause souvent avec moi, comme si j'étais une de ses amies.

— Ce n'est pas alors comme cette grosse commerçante pour qui j'ai fait une garniture de bal et une coiffure tout en boutons de roses... Elle n'est jamais contente de ce que je lui apporte... Voilà six fois qu'elle me fait retoucher à sa coiffure : cela ne lui va jamais bien, cela ne la rajeunit pas assez, à ce qu'elle dit, et elle s'en prend à mes fleurs; moi, je lui ai répondu bien franchement l'autre jour : « Madame, je me suis chargée de vous faire des fleurs, mais je ne me suis pas engagée à vous rajeunir ! Je ne suis pas sorcière !... » Oh ! si tu avais vu comme elle était en colère !

— Tu perdras sa pratique !

— Je m'en moque. Grâce au ciel, nous n'attendons pas après notre travail pour vivre; notre père nous a fait apprendre à chacune un état parce que c'est une ressource en cas de malheur, et il a bien fait. D'abord, si je ne faisais rien, moi, je m'ennuierais beaucoup, et je serais capable de faire des sottises...

— Ah ! Léonie, tu te calomnies !

— Non, non !... Oh ! je me connais, vois-tu... il faut toujours que je fasse quelque chose. Ainsi, je quitte mon ouvrage maintenant, mais je vais prendre des cartes et me faire une réussite, pour savoir si je me marierai bientôt.

— Tu n'as pas besoin de cartes pour savoir cela, puisque cela dépend de ta volonté; mon père ne t'a-t-il pas dit : « Léonie, quand tu voudras te marier, tu dois être toute prête, je te donne quinze mille francs comme à ta sœur. » Choisis un mari à ton goût, pourvu qu'il ait un état, ou au moins une bonne place, et je donne mon consentement... » Tu vois donc bien qu'il ne te reste plus qu'à choisir.

— Oui, c'est très-facile à dire, cela ! Mais d'abord, quinze mille francs de dot, ce n'est pas grand'chose !... On ne peut pas se flatter de trouver la fleur des pois pour quinze mille francs !... Les maris sont fort chers. D'un autre côté, si j'avais une grosse dot, je dirais : « On m'épouse peut-être pour mon argent... On ne m'aime peut-être pas du tout... » et je ne serais pas tranquille...

— Tu aurais raison. Moi, je trouve que mon père, qui a passé toute sa vie à travailler pour nous élever, qui travaille même encore, puisqu'il tient les livres dans une maison de commerce, fait déjà beaucoup en nous donnant à chacune quinze mille francs !

— Mais je ne te dis pas le contraire !... Mon père est rangé, économe, il ne va jamais au café, ne dépense pas un sou pour ses plaisirs. Son seul bonheur est de faire le soir sa partie de trente-et-un avec quelques amis ; on met trois sous au jeu, on ne se ruine pas.

— Tu voudrais trouver un mari rangé comme notre père ?

— Non ; je voudrais un peu plus de variété dans mon existence. D'abord, j'aime beaucoup le spectacle, je voudrais y aller souvent ; c'est pour cela que je travaille : j'amasse pour grossir ma dot, afin que mon mari puisse me mener au spectacle. Ah ! tiens, Angelle, je serais déjà mariée si tu l'avais voulu !...

— Si je l'avais voulu ! Et comment donc ai-je pu mettre obstacle à ton mariage ?

— Parce que tu es mon aînée... Tu as vingt et un ans ; moi, je n'en ai que dix-huit, et je trouve très-ridicule de me marier avant toi. Marie-toi, ma sœur, cela me ferait tant de plaisir !

— Ma chère amie, je ne vois pas en quoi ma résolution peut en rien influencer la tienne ; le mariage est une chose sérieuse... bien sérieuse ; on doit réfléchir bien longtemps avant de se lier avec quelqu'un auquel on donne son existence, son avenir, sa liberté. Combien de jeunes filles se repentent d'avoir trop légèrement contracté une union, dans laquelle elles n'ont vu d'abord que la toilette de mariée, le bal et le plaisir d'être appelées madame !... titre que l'on paye bien cher quelquefois !... Ainsi, crois-moi, Léonie, n'attends pas pour te marier que je le sois, cela pourrait te mener trop loin !

Mademoiselle Léonie, qui est une brune à la mine éveillée, au regard vif et malin, et dont la bouche petite et bien garnie laisse souvent échapper un sourire légèrement moqueur, fait un petit mouvement d'épaules, et va chercher sur les tablettes un jeu de cartes qu'elle pose sur une table, devant laquelle elle s'asseoit, tout en disant :

— Très-bien, ma sœur, cela suffit, on ne t'attendra pas... Ah ! tu ne craindrais pas autant le mariage si quelqu'un... si une certaine personne se décidait à se déclarer... Mais probablement cette personne là a sur le mariage les mêmes idées que toi !...

Angelle rougit, son front s'assombrit, et l'expression de ses yeux devient tout à coup d'une tristesse profonde. Angelle était une belle blonde, au teint à peine rosé, aux yeux bleus doux et langoureux ; bien qu'elle eût trois ans de plus que sa sœur, elle paraissait à peine aussi âgée. Sa taille fine était au-dessus de la moyenne, tous ses mouvements étaient gracieux, et le son de sa voix s'harmonisait parfaitement avec tous ses avantages extérieurs. Léonie pouvait plaire davantage à ceux qui aiment les physionomies espiègles et piquantes ; mais Angelle devait faire connaître un sentiment plus profond, plus tendre ; l'une devait faire connaître le désir, l'autre inspirer l'amour.

Au total, M. Picardin était donc le père de deux demoiselles fort jolies, et qui, à leurs avantages extérieurs, joignaient des talents et des qualités : avec tout cela, et quinze mille francs de dot, on peut fort bien trouver des maris. Combien de jeunes filles deviennent dames qui n'en possédaient pas autant !

M. Picardin était fier de ses filles, il en avait le droit. A propos de ce monsieur, nous ne pouvons nous faire connaître ; mais sa biographie sera courte : que voulez-vous que l'on vous dise d'un homme qui a passé sa vie à aligner des chiffres, à faire des additions ? Sa fille, mademoiselle Léonie, nous a déjà appris que c'était un homme rangé, économe, n'allant point passer son temps au café, M. Picardin était un parfait honnête homme, n'ayant jamais fait de dettes et ayant horreur de tout ce qui annonçait du désordre ou de l'imprévoyance. Veuf depuis quinze ans, il avait convenablement élevé ses deux filles ; mais si l'une d'elles avait voulu épouser un de ces jeunes gens qui ne possédent qu'une jolie figure et des espérances, il aurait tout aussitôt mis le jeune homme à la porte. Après cela, fort bonhomme, ayant juste assez d'esprit pour s'amuser à une féerie, et mettant toute la finesse qu'il possédait à bien jouer au trente-et-un.

Nous avons vu la blonde Angelle prendre tout à coup un air triste et rêveur en écoutant les dernières paroles de sa sœur. Après un moment de silence, pendant lequel elle a paru se recueillir, elle répond à Léonie :

— J'espérais, ma sœur, que vous ne reviendriez pas sans cesse sur un sujet... qui m'est pénible... mais en vérité il semble que ce soit pour vous un plaisir de me faire de la peine... ou de supposer des choses qui peuvent m'être désagréables. C'est bien mal, car je n'ai rien fait, moi, qui pût vous affliger ou simplement vous contrarier... Je croyais être aimée de vous, mais je vois bien que je me suis trompée.

En achevant ces mots, Angelle avait des larmes dans les yeux. Aussitôt repoussant la table, jetant les cartes de côté, Léonie court à sa sœur, lui prend la tête et l'embrasse à plusieurs reprises en s'écriant :

— Qu'est-ce que tu dis ! je ne t'aime pas, moi !... je ne t'aime pas !... Ah ! tu ne crois pas cela, n'est-ce pas, ma sœur !... Oh ! je t'en prie, dis-moi que tu ne crois pas cela... Je suis bien folle, bien étourdie... Mais vouloir te faire de la peine... est-ce que cela serait jamais dans ma pensée !... Au contraire, c'est parce que je te voudrais voir heureuse que je pense... que je dis... Mon Dieu ! pourquoi tant de mystère !... Enfin, sœurs, est-ce que l'on doit avoir des secrets l'une pour l'autre ? Je croyais que tu aimais le professeur... je croyais cela, parce que... il y a six ans... j'étais bien jeune, mais j'ai de la mémoire, et je faisais déjà attention à tout ce qu'on disait, à tout ce qui se passait autour de moi... Oh ! je suis curieuse ! je ne m'en cache pas !... Tout, plus rien pour moi ! je voudrais entendre tout ce qui se dit, et lorsque je suis dans ma chambre, et qu'un peu loin de moi deux personnes se parlent tout bas... je suis sur les épines... je grille, je brûle de savoir ce qu'elles se disent... C'est très-vilain, n'est-ce pas ? Mais j'ai beau faire, je ne puis pas me corriger. Alors je me rappelle qu'autrefois, quand M. Ficheclaque... ah ! l'horrible nom, Ficheclaque ! Par exemple, voilà un nom que je ne voudrais pas porter...

— Mais ce monsieur a aussi un prénom... Ludger, et ce nom-là n'a rien de désagréable.

— Oui, j'en conviens, Ludger, c'est doux, c'est gentil ; mais Ficheclaque... C'est qu'il est d'origine allemande, le professeur, n'est-ce pas !

— Oui, ses parents étaient Allemands, mais lui est né en France.

— Je disais donc que... il y a six ou sept ans... tu étais déjà grande, toi, et M. Ludger... oui, il vaut mieux dire Ludger que Ficheclaque... eh bien, le professeur venait très-souvent chez nous... il appelait sa petite femme... tu l'appelais ton petit mari...

— C'était pour plaisanter...

— Plaisanter !... tu avais quinze ans... lui, oh ! il est beaucoup plus âgé que toi... il a près de trente ans... on ne doit pas plaisanter à cet âge là... il te faisait la cour très-sérieusement...

— Tu as cru cela... il avait, comme il a toujours, beaucoup d'amitié pour moi... pour nous... mais ce n'était pas de l'amour.

— Cela y ressemblait cependant... et il paraît que lui pensait comme moi, car il dit à ce pauvre Ludger... qui était très-pauvre alors... il avait rarement d'habit neuf et portait une malheureuse redingote verte qui ressemblait à ces vieux tapis de billard qui ont été raccommodés souvent...

— Où donc as-tu vu des tapis de billard, toi, Léonie ? est-ce que tu entres dans les cafés ?

— Non, mais en passant devant les cafés, je regarde dans l'intérieur, et puis c'est Joliclose qui me rapporte tout cela... Bref, mon père dit au professeur : « Mon cher ami, vous n'avez pas le sou, pas d'emploi, pas de rente... Ne vous flattez pas d'être jamais le mari de ma petite Angelle ; pour prendre une femme, il faut être certain de pouvoir la nourrir... et c'est à peine si vous gagnez de quoi vous vêtir... Que serait-ce donc s'il vous arrivait des enfants ? Voilà ce que mon père dit alors à ce pauvre M. Ludger... Ficheclaque...

— Oh! je m'en souviens bien... Et Ludger s'en alla bien triste, bien affligé, en disant à mon père qu'il ne viendrait plus que rarement, qu'il sentait bien qu'il avait raison, et qu'il serait désolé de nuire par sa présence à l'établissement de sa fille aînée... et il fut près de trois mois sans revenir à la maison!

— Oui, mais quand il y revint, ce n'était plus le même homme... Il était mis avec élégance, et cela lui donnait un tout autre air; rien qu'à le regarder, on voyait qu'il avait de l'argent plein ses poches, car il y a une différence bien grande dans les manières d'un homme à son aise et celles d'un pauvre diable qui ne sait pas où trouver à dîner!... Enfin, M. Ludger semblait avoir fait fortune, et en effet il dit à mon père qu'il avait fait un héritage sur lequel il était loin de compter; et depuis, la fortune lui avait constamment souri... Il avait des élèves plus qu'il n'en voulait!... Le monde est si injuste!... on le repoussait quand il se présentait avec son paletot vert râpé, mais depuis qu'il était bien mis, c'était à qui prendrait de ses leçons, et plus il se faisait payer cher, plus on voulait de lui pour professeur...

— Oh! mais, il est bien savant aussi!

— C'est possible!... je ne dis pas le contraire... quoique monsieur Bourlet prétende qu'il lui fera des questions auxquelles il ne pourra pas répondre...

— Monsieur Bourlet est un sot, un envieux, un méchant... le mérite des autres le fait souffrir!... Il a toujours détesté monsieur Ludger...

— Oh! il y a aussi une autre raison, c'est que monsieur Bourlet est amoureux de toi, et qu'il voit bien que le professeur occupe seul ta pensée...

— Ma sœur...

— Voyons, ne te fâche pas... Tu ne nieras pas à moi que tu l'aimes... Il est cependant bien plus âgé que toi!...

— Il a trente-six ans... j'en ai vingt et un passés... il me semble que je ne suis pas trop jeune pour lui!

— Non, mais ce qui serait trop vieux pour toi... enfin, il te convient ainsi... très-bien, et puis, d'ailleurs, à quoi sert qu'il te convienne ou non? depuis que monsieur a hérité, depuis qu'il a une foule d'élèves, qu'il est riche enfin, ce monsieur ne parle pas de t'épouser... il ne t'appelle plus sa petite femme... et au lieu de demander ta main à mon père, qui certainement ne la lui refuserait plus maintenant, il ne lui souffle pas un mot de son amour pour toi. Dans les commencements, mon père disait : Il trouve Angelle encore trop jeune pour devenir sa femme. Mais le temps se passe... les années se sont écoulées... Tu as vingt et un ans passés, et ce monsieur ne demande pas la main... mais c'est affreux, cela, et c'est à cause que tu as refusé plusieurs bons partis... entre autres, M. Bourlet, le courtier marron... qui n'est pas mal, qui a de la fortune...

— Je ne puis pas souffrir ce monsieur... Puisque tu le trouves bien, pourquoi ne l'épouses-tu pas? car à présent il te fait la cour, à toi!

— Ah! oui, par ricochet, parce que tu n'as pas voulu de lui! Merci, je ne veux pas qu'on me prenne par ricochet. J'aimerais encore mieux Jolichose, c'est dommage qu'il soit si bête!... c'est gentil garçon, il polke très-bien, et moi je suis folle de la danse... Si je l'épousais, au moins il me ferait polker toute la journée... mais il ne sait pas valser... et j'adore la valse... voilà qui lui fait du tort. Du reste, Jolichose ne peut pas encore se marier... son père doit lui laisser son magasin de confection... ce ne sera pas encore demain, et Jolichose n'a que vingt-deux ans. Mais ce n'est pas de Jolichose qu'il s'agit, c'est du professeur. Voyons, Angelle, sois franche avec moi. Et avec qui le serais-tu, si ce n'est avec ta sœur? Avoue que la conduite de M. Ludger te rend malheureuse... qu'elle te fait souffrir! Oh! tu as de la patience, toi... mais, à ta place, je lui aurais déjà dit : Eh bien, monsieur, vous ne m'aimez donc plus? vous ne voulez donc plus m'épouser? Quand j'avais quinze ans, et que vous étiez pauvre, vous me répétiez sans cesse que vous seriez bien heureux de me prendre un jour pour votre femme... aujourd'hui j'ai vingt et un ans, vous êtes riche, vous avez une position assurée, et vous ne me demandez pas à mon père... Qu'est-ce que cela veut dire?

— Non, Léonie, non, je ne dirai pas tout cela à M. Ludger, car il me semble que je n'ai pas besoin de l'interroger pour connaître sa réponse; s'il ne demande pas à m'épouser, c'est qu'il ne m'aime plus... c'est évident, je ne veux pas le forcer à me dire cela... ce serait le mettre dans une position désagréable pour lui et pour moi.

— Il ne t'aime plus, dis-tu?... Il ne t'aime plus!... mais alors pourquoi vient-il presque tous les soirs passer avec nous les moments qu'il a de libres? pourquoi cherche-t-il à se placer toujours près de toi?... pourquoi te regarde-t-il sans cesse? pourquoi, lorsque tu parles, t'écoute-t-il comme s'il entendait chanter des anges?... Mais comment donc se conduit-on près d'une femme que l'on aime, si tout cela n'annonce pas de l'amour!...

Les yeux d'Angelle se raniment, une expression de bonheur y brille pendant les dernières paroles de sa sœur, et, lorsque celle-ci a cessé de parler, elle s'écrie :

— Vraiment, Léonie, tu as remarqué tout cela? Tu trouves qu'il a l'air de m'aimer encore...

— Assurément, et je ne suis pas seule à penser cela! M. Bourlet disait l'autre soir à demi-voix : Ce M. Ficheclaque regarde mademoiselle Angelle comme s'il voulait n'en faire qu'une bouchée!... c'en est inconvenant!

— Eh bien, oui, moi aussi quelquefois j'ai cru que Ludger m'aimait encore... Quand il attache ses grands yeux bleus sur les miens... Ah! si tu savais comme ils sont expressifs!...

— Eh bien, alors, on saisit ce moment-là... on lui dit : Pourquoi me regardez-vous ainsi?... pourquoi cherchez-vous à me faire croire que vous m'aimez? ou si vous m'aimez en effet, pourquoi ne parlez-vous pas à mon père?... Vous savez très-bien que maintenant il ne vous refusera pas ma main... Voilà ce qu'il faut dire... ça le forcerait à s'expliquer... Oh! si j'étais à ta place! comme je parlerais...

— Non, Léonie, je ne veux pas lui dire cela!...

— Alors, il n'y a pas de raison pour que cela finisse!... et dans vingt ans vous serez aussi avancés qu'aujourd'hui!... ça promet!

II

M. JOLICHOSE ET M. BOURLET.

La conversation des deux sœurs est interrompue par l'arrivée d'un jeune homme, un peu joufflu, mais assez joli garçon, qui entre en sautillant, en se dandinant, et pose son pied sur la queue d'un gros chat qui était fort tranquillement assis près de la porte. Le chat pousse un miaulement plaintif, ce qui fait reculer le nouveau venu, qui se jette alors contre une chaise sur laquelle on avait posé des cartons renfermant des fleurs artificielles, et le choc subit imprimé à la chaise fait dégringoler les cartons sur le parquet.

— Il est donc décidé, monsieur Jolichose, que vous n'entrerez jamais ici sans faire quelque bêtise! s'écrie Léonie, en courant ramasser ses cartons, tandis que le jeune homme, tout confus de ce qu'il a fait, est resté dans un coin de la chambre d'où il n'ose plus bouger. Vous écrasez la queue de mon chat qui était là bien tranquille et ne vous gênait en rien pour entrer...

— Mademoiselle, je vous jure que je ne l'ai pas fait exprès...

— Vraiment!... il ne manquerait plus que cela... si vous le faisiez exprès de marcher sur Bobo, je vous défendrais de revenir...

— Seulement vous remarquerez que Bobo a la queue trop longue pour un chat tout seul...

— Taisez-vous!... et, non content de marcher sur mon chat, vous jetez tous mes cartons à terre...

— Je vais les ramasser, mademoiselle...

— N'y touchez pas! vous feriez quelque nouvelle gaucherie...

— Pardon, mademoiselle, mais je n'ai pas encore eu l'avantage de vous souhaiter le bonsoir et de m'informer de l'état de votre santé...

— Merci, monsieur Jolichose, répond Angelle en souriant, nous nous portons bien...

— Et comment va l'état de la santé de monsieur votre père?

— Mon père se porte bien, dit Léonie. Allons, avancez, monsieur... vous n'allez pas rester toute la soirée dans ce coin, je présume?

Le jeune homme se décide à s'avancer dans la chambre, va s'asseoir sur une chaise, garde un moment le silence, puis murmure :

— Et... vous vous êtes toujours bien portée, mademoiselle ?
— Ah ! sapristi, monsieur Jolichose, vous ne sortirez donc pas de là ce soir ! s'écrie Léonie qui ne peut s'empêcher de rire de la figure piteuse que fait le pauvre garçon, tout honteux des maladresses qu'il a faites en entrant. Voilà trois fois que vous nous demandez comment nous nous portons !...
— C'est de peur de l'oublier, mademoiselle.
— Moi, je crois plutôt que c'est parce que vous ne trouvez pas autre chose à nous dire... Tenez, vous êtes bien mal nommé, aussi, vous !... car lorsqu'on s'appelle Jolichose, on ne devrait en dire que de spirituelles.
— J'en dis aussi quelquefois, mademoiselle.
— Vous ? ah ! par exemple, je ne me suis jamais trouvée là quand cela vous est arrivé... et c'est bien mal à vous d'avoir de l'esprit à notre insu !...
— Ah ! vous vous moquez toujours de moi... et ça m'intimide...
— Est-ce qu'un homme doit être timide !... Savez-vous une chose ? C'est que la timidité est convenable chez une femme, chez un homme elle frise la bêtise.
— Ah ! elle frise... je m'en souviendrai, mademoiselle... A propos : mon papa m'a dit de vous présenter ses hommages et de m'informer de l'état de votre santé...
— Est-ce que vous allez recommencer ?... Et fait-il de bonnes affaires, votre père ?
— Mais pas mal... la confection donne assez... surtout pour les enfants !
— Il y a beaucoup d'enfants cette année !
— Mais je présume que vous ne les habillez pas dès qu'ils viennent au monde ?...
— Oh ! non... nous avons des habillements complets pour l'âge de trois ans et au-delà... Ah ! j'oubliais ! je viens de rencontrer M. Bourlet qui m'a dit qu'il allait venir faire la partie de trente-et-un de M. Picardin. Il fume son cigare et puis il me suit...
— Ah ! si son cigare pouvait durer toute la soirée ! dit Angelle.
— Mon Dieu ! tu lui en veux bien à M. Bourlet ! dit Léonie. Il est cependant assez gai... et puis il n'est pas bête... comme une autre personne qui vient ici.

Et l'espiègle jeune fille jette un regard de côté sur Jolichose, qui se dandine sur sa chaise.

— Je sais fort bien que M. Bourlet n'est pas bête, mais il a l'esprit méchant, moqueur ; dans les choses les meilleures il cherche toujours le mauvais côté. Je n'aime pas cela, moi ; avec lui, ce qui est bien est toujours douteux... ou cache un motif que nous ne devinons pas... Pourquoi donc ne pas croire que l'on aime à faire le bien, et vouloir que ce soit toujours notre vanité qui nous guide ?...
— Dame ! M. Bourlet prétend qu'il a étudié les hommes...
— Si ses études ne lui ont appris qu'à douter de tout, je n'envie pas sa science... et vous monsieur Jolichose ?
— Moi, mademoiselle, vous êtes bien bonne, je me porte très-bien ; j'avais un peu mal à l'estomac tantôt, mais ça s'est passé en mangeant ; c'est que j'avais besoin de manger probablement.
— Vraiment ! vous avez deviné cela ! comme c'est heureux ! Et oser s'appeler Jolichose !... mais vous devez avoir un nom de baptême ?
— Oui, mademoiselle.
— Et c'est ?
— Cloud, mademoiselle.
— Cloud... vous vous nommez Cloud... ah ! quelle horreur !...
— Ce n'est pas gracieux, n'est-ce pas ?... aussi je ne le dis à personne, et quand mon père m'appelle : Cloud ! je ne réponds jamais, ça me blesse.
— Au fait, j'aime encore mieux Jolichose !...

L'arrivée d'un nouveau personnage met fin à la conversation : c'est M. Bourlet, un monsieur qui approche de la quarantaine, mais qui a les oreilles rouges, la figure pleine et le teint fleuri. Ce monsieur, d'une taille moyenne, est déjà un peu obèse, et ses cheveux fauves descendent tellement sur son front que c'est à peine si on lui en voit ; mais il a l'œil vif, la bouche vermeille, le nez un peu gros et déjà passablement rouge. Il gesticule sans cesse, ne reste pas en repos, même lorsqu'il est assis, car alors il passe à chaque instant sa jambe droite sur la jambe gauche, et vice versa ; debout, il va et vient dans la chambre, tourne, retourne, change les chaises de place ; enfin, s'il cause avec quelqu'un, lorsqu'il est forcé d'écouter, il s'en prend aux boutons de son interlocuteur, les prend, les secoue, les tire, et, si l'on n'y prend garde, finit par vous en arracher un, mais alors il s'en tire avec sa phrase favorite : « Il n'y a pas de mal... histoire de rire ! »

M. Bourlet se présente d'un air joyeux, il tient dans sa main deux petits bouquets de violettes de dix centimes chacun ; il en présente d'abord à Angelle, en lançant un regard qui doit vouloir dire beaucoup de choses, et en s'écriant :

— Permettez, belle demoiselle... à tout seigneur tout honneur... à vous, maintenant, piquante Léonie. Veuillez, mesdemoiselles, accepter ces fleurs modestes comme votre maintien, suaves... et odorantes comme...
— Comme votre cuisine ! dit Jolichose, qui a l'air enchanté d'avoir trouvé cette phrase, et regarde Léonie en s'écriant :
— Dites donc encore que je ne suis pas quelquefois spirituel...

La jeune fille hausse les épaules en lui répondant :

— Vous croyez que c'est un mot heureux que vous avez dit là !... Est-ce qu'une cuisine sent jamais la violette ?... ce serait malheureux d'ailleurs... si on vous servait un potage à la violette, est-ce que vous trouveriez cela bon ?...
— Oh ! mais oui !
— Taisez-vous !... vous n'avez pas le sens commun... Et vous, monsieur Bourlet, est-ce que vous êtes de l'avis de M. Jolichose ?
— Non, mademoiselle : une odeur n'a de prix que lorsqu'elle arrive à propos... en son lieu et place... Certainement j'adore le parfum d'une rose, mais au moment où l'on servirait sur une table une bonne truffée, si l'on me fourrait une rose sous le nez, j'enverrais la rose à tous les diables !...
— Ah ! voilà qui est bien parlé ! mais l'esprit de M. Jolichose nous a empêchées de vous remercier de vos bouquets... excusez-nous, monsieur Bourlet.
— Ah ! mademoiselle, cela n'en vaut vraiment pas la peine. D'ailleurs, les fleurs sont vos sœurs... et ici elles se trouvent tout simplement en famille.
— Ah ! c'est parce que vous en faites d'artificielles que monsieur dit cela ! murmure Jolichose en se balançant toujours sur sa chaise.
— Monsieur Jolichose, vous n'êtes pas heureux dans vos réflexions ! dit monsieur Bourlet en allant s'asseoir près de Léonie, après avoir jeté un regard inquisiteur à Angelle. Vous ne me traduisez pas bien ma pensée, mais je suis persuadé que ces demoiselles l'auront mieux comprise. Et le papa, le brave Picardin, est-ce qu'il est sorti ?
— Non, monsieur, il va venir, mais il est encore à travailler dans sa chambre. Tous les jours, après son dîner, mon père va examiner ses livres, ses comptes, sa caisse. Puis à huit heures et demie il revient nous trouver.
— Oh ! oui, c'est un homme rangé qui règle l'emploi de son temps, et ne varie jamais dans ses habitudes... et il a des filles qui tiennent de lui... qui sont des modèles de sagesse, d'ordre, d'ardeur pour le travail, d'amabilité.
— Ah ! monsieur Bourlet ! de grâce ! nous n'aimons pas les compliments.
— Je ne disais que des vérités, mademoiselle.
— Pourtant, dit Jolichose, je vous ai entendu dire que mamzelle Angelle n'était pas aimable tous les jours !

M. Bourlet devient écarlate, son nez se gonfle, il jette sur le jeune homme des regards furibonds, auxquels celui-ci ne fait aucune attention. Angelle sourit, en regardant sa sœur, qui murmure :

— Eh bien, où est le mal d'avoir dit cela ? on n'est pas parfait ! quelles sont donc les personnes qui sont aimables tous les jours ?... est-ce que c'est possible !... N'a-t-on pas ses jours de contrariété, de malaise !...
— Moi, dit Jolichose, je ne suis pas aimable quand j'ai mal aux dents.
— Vous, monsieur Jolichose, dit Bourlet, on sait bien ce que vous êtes tous les jours... seulement il y a parfois des redoublements.
— Je ne comprends pas.
— Ça m'étonne pas, c'est votre habitude.
— Quelle habitude ?... de fourrer mes doigts dans mon nez ?... Ah ! je ne l'ai plus... Je l'avais, c'est vrai, mais je m'en suis corrigé ; mademoiselle Léonie m'a tant répété que c'était vilain, que je me ferais un nez énorme... comme le vôtre ; que je me suis dit :

— Oh! non, je ne veux pas avoir un nez comme M. Bourlet... et je ne mets plus mes doigts dedans.

Cette fois, ce sont les deux sœurs qui partent d'un fou rire. M. Bourlet se lève, se promène dans la chambre en se frottant les mains et fait semblant de rire aussi, tout en murmurant :

— Oh! très-joli! charmant!... En vérité, ce soir monsieur a des saillies ravissantes! Comme je suis content de savoir qu'il ne met plus ses doigts dans son nez!... Mademoiselle Léonie a fait là une cure merveilleuse!... et je suis bien satisfait de savoir que mon nez est pour quelque chose dans tout cela

Jolichose va répondre, mais M Picardin vient de rejoindre la société. Le père d'Angelle et de Léonie est un homme de soixante ans, assez mal bâti et fort laid de figure. On se demande comment un aussi vilain merle a pu faire deux demoiselles aussi jolies. Mais il y a comme cela dans le monde une foule de choses que l'on se demande et auxquelles on ne trouve pas de réponse. Après cela, madame Picardin était peut-être fort bien, et cela éclaircit beaucoup la question.

Du reste M. Picardin avait un air de franchise et de bonhomie qui faisait facilement oublier sa laideur; c'était un homme simple, détestant les cérémonies et les ambages, et ne prenant jamais quatre chemins pour dire ce qu'il pensait de lui. En cela le père de ces demoiselles était presque un original.

— Bonsoir, messieurs... dit M. Picardin en donnant une poignée de main à ses visiteurs. Ah! vous venez faire la partie de trente-et-un!... C'est bien, cela, c'est aimable à vous... ma foi, quand on a bien travaillé depuis huit heures du matin jusqu'à huit heures du soir, il est bien permis de se donner un peu de plaisir... Et les affaires vont bien, Bourlet?

— Mais oui, mon cher monsieur Picardin, je n'ai pas à me plaindre... je crois que je vais acheter une nouvelle propriété dans la rue Bichat... ce n'est pas grand... ce n'est pas élégant, mais ça se loue bien.

— Diable! mais vous avez déjà pignon sur rue! Vous allez donc devenir comme le marquis de Carabas?...

— Il faut bien songer à s'arrondir.

— Vous êtes déjà pas mal rond comme ça, papa Bourlet! dit Jolichose en riant.

— Monsieur Jolichose, je vous ai déjà prié plusieurs fois de ne point m'appeler papa Bourlet! cette locution triviale n'est employée que par les gens du commun... et, de plus, je ne suis pas assez intime pour que vous vous la permettiez en me parlant... mais ce soir j'ai remarqué que vous n'ouvriez la bouche que pour dire des sottises...

— Mon Dieu!... ne vous fâchez pas... je vous disais papa!... parce que vous pourriez bien être mon père!...

— Non, monsieur! je ne pourrais pas être votre père!... vous avez la berlue!... finissons, je vous prie!... car vous me feriez sortir de mon caractère!

— Allons, Bourlet, ne vous fâchez pas... vous savez bien que Jolichose ne sent pas toujours la portée de ses paroles.

— Oh! mais si, monsieur Picardin, je ne suis pas si bête que mamzelle Léonie le croit!

— Assez, mon garçon, laissons cela; et votre père, le commerce, la confection, cela va-t-il fort?

— Oh oui, monsieur, ça va! Mon père a dit que si cela continuait, il ferait faillite d'ici à deux mois!...

— Comment! faillite, vous faites erreur, je pense...

— Mais non, j'ai bien entendu papa qui chuchotait dans l'arrière-boutique avec un vieux juif, et ils disaient : » On fait faillite, on affiche une vente au rabais, les jobards accourent et on « vend tous ses rossignols. »

— Voilà de jolis principes!

— Mon père, n'écoutez donc pas Jolichose, son père se sera moqué de lui... et d'ailleurs il entend toujours de travers.

— Pardon, mamzelle, j'ai très-souvent entendu dire que l'on s'enrichissait en faisant banqueroute. Cependant notre voisin le savetier a aussi voulu faire faillite et donner cinquante pour cent, c'est la moitié de ce qu'on doit, n'est-ce pas monsieur Picardin.

— Sans doute, eh bien?

— Eh bien! le savetier, qui avait beaucoup de bottes et de souliers à ressemeler, a dit à ses pratiques : « Le cinquante pour « cent de deux souliers, c'est un soulier, tenez, voilà un soulier; « à vous, voilà un soulier. » Mais les pratiques n'ont pas bien pris la chose, et elles lui ont donné une roulée. Alors le vieux juif qui vient chez nous a dit : « C'est un imbécile! si au lieu de donner

« cinquante pour cent, il n'avait rien donné du tout, on ne l'au-« rait pas rossé. » Et c'est ce qui prouve...

— Assez, Jolichose!... si vous continuez à venir chez moi, je vous engage à ne plus faire l'éloge des gens qui font banqueroute... et je trouve que l'on a fort bien fait de bâtonner votre savetier... Allons, mademoiselle, la table de jeu est-elle prête?

— Oui, mon père.

— Eh bien, plaçons-nous.

— Moi, je vais me mettre près de mademoiselle Léonie, dit Jolichose, parce qu'elle regarde dans mon jeu : ça lui est commode pour faire le sien.

— Eh bien, vous ne vous mettrez pas près d'elle, car je ne veux pas qu'on triche, moi!

— Mon Dieu, mon père, est-ce que vous écoutez Jolichose? il ne comprend pas encore le jeu, c'est lui qui, à chaque instant, me demande quelle carte il doit prendre; il ne peut pas se mettre dans la tête que, pour faire misty, il faut, avec le valet de trèfle, avoir deux cartes pareilles et de même couleur.

— Tant pis pour lui! il se mettra près de moi; il sera bien obligé de faire attention à son jeu... Mais il nous manque un joueur ce soir, le professeur n'est pas venu.

— Il n'est pas encore tard, dit Léonie; M. Ludger est toujours si occupé... il a tant d'élèves maintenant... il ne vient guère avant neuf heures.

— Oui, maître Ficheclaque a maintenant beaucoup d'occupation; cela ne m'étonne pas : c'est un savant, il a une érudition profonde.

— Moi, j'aime bien à l'écouter parler, dit Jolichose, parce qu'il m'apprend toujours des choses que j'ignorais, des faits curieux, amusants ou étonnants.

— Et retenez-vous quelque chose de ce que vous entendez, au moins?

— Oh! non, mademoiselle, je n'ai pas plus de mémoire qu'un lièvre; mais c'est égal, je m'instruit.

— Eh mon Dieu, dit M. Bourlet, on fait de M. Ficheclaque très-savant; mais souvent ces personnages qui passent pour savoir tant de choses n'ont que le talent d'amener la conversation sur des sujets qu'ils connaissent mieux que d'autres. La plupart du temps, c'est là le secret de ces gens qui passent pour très-spirituels, très-amusants en société. Il y a eu un diplomate, fameux pour ses historiettes et ses bons mots, qui trouvait toujours moyen d'amener la conversation sur ce qu'il désirait raconter.

— Cela exige encore un certain talent, dit M. Picardin, et il ne faudrait pas faire comme ce monsieur qui, ayant une anecdote à conter sur un âne, s'écria tout à coup en voyant passer un cavalier très-bien monté : « Voilà un cheval qui ne ressemble pas à « un « âne »! » A propos d'âne, voici ce qu'a fait l'un d'eux.

— En tout cas, dit Léonie, on n'accusera pas M. Ludger d'être bavard et de faire parade de son savoir! il parle fort peu; il faut souvent qu'on le questionne pour le faire causer. Je trouve même que quelquefois il est par trop silencieux!

— C'est vrai, dit Jolichose; quand le professeur se met à regarder le plafond, je ne sais pas ce qu'il y voit, mais il reste des heures à le contempler.

Angelle ne disait rien depuis que l'on parlait du professeur, mais souvent ses regards se tournaient vers la porte et son front s'assombrissait.

— Oui, dit M. Bourlet, j'ai remarqué que M. Ficheclaque est souvent rêveur, taciturne... comme quelqu'un qui aurait... un poids sur la conscience... et cela m'a paru d'autant plus surprenant que c'est depuis qu'il est riche, depuis que la fortune lui a souri, que ses traits ont une expression de tristesse fort prononcée parfois.

— C'est l'excès du travail qui altère peut-être sa santé.

— Le travail fatigue, mais il n'attriste pas; il faut qu'il y ait un autre motif... car ce n'est pas d'aujourd'hui que nous connaissons ce monsieur. J'avais déjà l'avantage de venir vous voir il y six ans, mon cher monsieur Picardin, et vous devez vous rappeler comme moi qu'à cette époque, maître Ficheclaque, ne pendant n'avait alors que fort peu d'élèves, ce qui l'obligeait à porter un paletot tellement râpé que je n'en aurais pas voulu pour en faire un fourreau de parapluie; eh bien, le professeur était alors d'une humeur fort gaie; il riait, il chantait, il dansait même pour rire...

— Je ne me souviens pas de l'avoir vu danser, dit Léonie.

— Ni moi, dit Angelle, mais M. Bourlet exagère toujours!

— Enfin, mademoiselle, si maître Ficheclaque ne dansait pas, vous conviendrez qu'il était alors fort gai, tandis qu'il est aujourd'hui fort triste !

— Eh bien, après, monsieur ?

— Après ? mais il me semble bien singulier que l'on ait l'air moins content quand on est riche que lorsqu'on n'avait pas le sou !

— Cela prouve que la richesse ne fait pas toujours le bonheur.

— Oh ! permettez ! je trouve cette pensée tout à fait fausse, vu que, avec de l'argent, on a tout ce qu'on veut. Avec de la fortune, on obtient la main de celle qu'on aime ; on n'a plus d'obstacles à redouter, la clef d'or ouvre toutes les portes !

— Excepté celle du cœur, monsieur.

— C'est possible, mademoiselle, mais alors on brise la serrure. Voyons, M. Picardin, n'êtes-vous pas de mon avis ? avec de l'argent n'arrive-t-on pas à obtenir tout ce qu'on désire ?

— Mais oui, c'est-à-dire à peu près.

— Ce que je n'ai jamais bien compris, c'est comment maître Ficheclaque est devenu riche en si peu de temps. Il ne venait plus chez vous depuis trois semaines, je crois... Ne l'aviez-vous pas mis à la porte parce qu'il faisait la cour à mademoiselle Angelle et que cela vous déplaisait ?

— A la porte ! s'écrie Angelle ; non, monsieur, jamais mon père n'a pu mettre à la porte de chez lui quelqu'un à qui l'on n'avait pas la plus petite chose à reprocher !

— Pardon, mademoiselle, je me suis mal exprimé, j'ai voulu dire que M. Picardin avait fait entendre au professeur qu'il ne pouvait espérer vous épouser... n'ayant pas seulement de quoi se vêtir.

— Permettez, je lui ai annoncé cela d'une autre façon. Il m'avait déjà dit : « Voulez-vous que mademoiselle Angelle soit ma « fiancée, que je puisse la regarder comme ma future épouse ? » et je lui avais répondu : « Mon cher professeur, je ne donnerai « jamais ma fille qu'à quelqu'un qui sera en position de nourrir « sa femme et ses enfants. »

— C'est ce que je voulais dire. Et alors le professeur avait cessé de venir chez vous. Mais lorsqu'il y a reparu quel changement ! ce monsieur était mis avec élégance, il avait de l'or plein ses poches.

— Il m'a payé une glace à la vanille, dit Jolichose.

— Et vous ne lui avez pas demandé d'où lui venait cette fortune ?

— Pardonnez-moi, il m'a répondu qu'il avait fait un héritage, sur lequel il était loin de compter... un parent éloigné lui avait légué trente mille francs.

— Un héritage... un parent qui lui lègue trente mille francs !... et c'est ce qui le rend triste, qui a changé son humeur... vous trouvez cela naturel, vous ?

— Eh, mon Dieu ! je ne me mêle pas de ce qui ne me regarde point. Je ne suis pas si curieux que vous, monsieur Bourlet.

— Curieux... mais sans être curieux il est assez naturel de désirer savoir les antécédents, la position, les actions des personnes dont on fait sa société. Il y a des changements de fortune qui ont quelquefois des causes blâmables... Il y en a même de criminelles...

— Tout à l'heure, monsieur, dit Angelle d'un ton fort sec, vous allez sans doute me dire que M. Ludger doit avoir commis quelque crime pour que sa position se soit ainsi améliorée... car vous faites le professeur riche lorsqu'il possède seulement aujourd'hui une heureuse aisance !... J'admire, monsieur, le talent que vous avez à voir partout du mal... à chercher... à inventer des motifs pour le soupçonner... mais moi, monsieur, je défends mes amis. Je n'aime pas les gens qui attaquent les absents, et je vous trouve peu gracieux de parler ainsi d'une personne pour qui nous avons de l'amitié.

M. Bourlet sautille sur sa chaise, se mord les lèvres et murmure :

— Pardon, mademoiselle... je n'ai voulu accuser M. Ficheclaque... je me serai mal exprimé... je serais désolé que vous puissiez croire...

— Eh ! saprelotte ! en voilà assez sur ce sujet ! s'écrie M. Picardin. Soyons à notre jeu et ne nous occupons plus du professeur, qui est assez fort pour se défendre lui-même si on l'attaque... car c'est un gaillard qui en sait long... qui est en état de répondre sur tout... un vrai savant enfin !

— Savant... savant... c'est possible ! répond Bourlet, mais répondre sur tout... c'est ce que nous verrons... Je veux ce soir lui poser quelques questions... nous verrons s'il y répondra...

— Vous voulez lui demander le temps qu'il fera demain ? dit Jolichose.

— Non... c'est mieux que cela...

— Prenez donc votre carte, Jolichose.

— C'est inutile, j'ai misty...

— Voyons cela...

— Le valet de trèfle entre deux cœurs... j'espère que c'est pareil et de la même couleur !...

— Vos deux cœurs sont un huit et un dix... ils ne sont donc pas pareils... décidément vous ne comprenez pas le jeu ! quelle tête ! Ah ! on a bien fait de vous appeler Cloud !...

Jolichose va répliquer, lorsque la personne dont on parlait un instant auparavant entre dans le salon.

III

LE PROFESSEUR FICHECLAQUE

Maître Ludger Ficheclaque est un homme grand, maigre, blond ; sa figure est sérieuse, mais douce, ses yeux bleu clair ont une expression de rêverie, de mélancolie, que l'on retrouve souvent chez les enfants de l'Allemagne, mais la bouche est franche, et, lorsqu'il sourit, on retrouve en lui un Français.

Le professeur salue toute la société, puis son regard va s'arrêter sur Angelle, et il est facile de voir qu'il attend, qu'il espère, que les yeux de la jeune fille s'arrêteront aussi sur les siens. On ne le laisse pas longtemps dans l'attente de ce bonheur : un doux et tendre regard répond au sien. Et celui qui ne devinerait pas ce qu'il exprime serait bien novice en amour.

— Arrivez donc, mon cher professeur, dit M. Picardin, en serrant la main au nouveau venu. Vous voyez... nous nous sommes mis à jouer sans vous... On commençait à craindre que vous ne vinssiez pas.

— J'ai eu du travail à préparer pour un de mes élèves ; il fallait que cela fût fait ce soir...

— Vous êtes accablé de besogne maintenant... vous avez plus d'élèves que vous n'en voulez... Quelle différence autrefois ! Vous souvenez-vous, il y a près de six ans... vous ne pouviez pas en attraper un...

— Oui ! oh ! je m'en souviens. Et j'étais si pauvrement vêtu que, lorsqu'on m'engageait à me présenter dans une grande maison, je n'osais pas y aller...

— Vous avez hérité bien à propos, monsieur Ficheclaque ! dit Bourlet d'un ton ironique.

— En effet, monsieur.

— Moi, je crois que l'on hérite toujours à propos ! dit Jolichose.

Et Léonie le regarde d'un air surpris en s'écriant :

— Tiens ! mais ce n'est pas trop bête ce que vous venez de dire là, Jolichose !... Mon Dieu !... que va-t-il donc se passer ?

— Le monde se laisse toujours prendre par les yeux ! dit Angelle, car certainement M. Ludger était aussi bon professeur avec son paletot râpé qu'avec une redingote neuve.

— Oui, ma fille, mais on ne refera pas le monde, il faut en prendre son parti. Quant à moi, je l'avoue, lorsque notre cher professeur était si pauvrement vêtu, je me rappelais toujours ce mot d'un beau monsieur qui, voyant un pauvre diable à peine vêtu chez une grande dame, lui dit : « Que fait donc cet homme « chez vous, marquise ? — C'est le professeur de mon fils, ré« pondit-elle, il lui montre le grec. — Prenez garde, madame, « s'il continue, il lui montrera bientôt son derrière. »

Jolichose se roule sur sa chaise en disant :

— Oh ! fameux, l'anecdote... je la conterai ce soir à papa !... Son derrière... et il mettait ça dans ses leçons !

— Assez, Jolichose, l'histoire ne demande pas de commentaires... Asseyez-vous, maître Ludger... nous causons beaucoup et nous ne sommes pas à notre jeu.

Le professeur trouve facilement une place près d'Angelle. Pour ces deux personnes, le jeu n'avait qu'un prétexte pour être ensemble, pour se trouver l'un près de l'autre... et, tout en ayant l'air de regarder leurs cartes, ils pouvaient échanger de ces regards qui font délicieusement battre le cœur des amoureux.

Pour le papa Picardin, la partie de trente-et-un était un véritable plaisir. M. Bourlet, tout en jouant, observait les moindres mouvements d'Angelle et de son voisin. Il cherchait à lire dans leurs yeux, dans leur pensée. Léonie jouait machinalement, et Jolichose, qui ne pouvait se mettre le jeu dans la tête, se permettait parfois de bâiller. Bientôt il s'écrie :

— Me voilà encore mort..., il faut que je regarde jouer les autres : ça n'est pas du tout amusant votre trente-et-un... j'aime mieux pigeon vole, ou le corbillon... pourquoi donc ne jouons-nous jamais aux jeux innocents ?

— Parce que probablement cela n'amuserait ni mon père, ni ces messieurs, dit Léonie.

— Moi, je fais tout ce qu'on veut, dit M. Bourlet.

— Merci ! s'écrie M. Picardin ; comment, Jolichose, vous voudriez me faire jouer à pigeon-vole ?

— Je ne dis pas positivement celui-là ! mais M. le professeur, qui sait tant de choses, doit savoir une grande quantité de jeux d'autrefois... dans les anciens il peut y en avoir de très-amusants !...

— Mon cher monsieur Jolichose, dit Ludger, je doute que les jeux auxquels se livraient nos ancêtres puissent avoir aucun attrait pour vous. Ils jouaient à la *prime*, au *flux*, à *la vole*, au *cent*, à *passe-dix*, à la *condamnade*, à la *charte virade*, ce qui signifie à la carte tournée, au *malheureux*, à *pille*, *nade*, *jocque*, *fore*.

— Ah ! qu'est-ce que c'est que ça !...

— C'est le jeu du *toton*. *Pilla*, de l'italien *piglia*, c'est *accipe* ; *nada* en espagnol signifie *nihil*, *Jocque* vient de l'italien *ginoco*, mettez au jeu, et *fore*, de *fuora*, signifie *totum*, c'est-à-dire que tout est gagné.

— Ah ! je ne retiendrai jamais tout cela !...

— On jouait encore à *git ha*, et *parte*, au *lansquenet*, à la *séquence*, au *casse-pot*.

— Ah ! je saurais tout de suite, celui-là.

— Au *tarau*, à la *ronfle*, à *trois dés*, au *trictrac*, au *pied du couteau*...

— Ah ! comment cela se jouait-il, cela ?

— On piquait un couteau près du bord d'une table, les joueurs jetaient leur palet ou leur écu sur la table ; celui qui était le plus près du couteau gagnait, mais il ne fallait pas que le palet tombât à terre.

— Tiens, c'était gentil cela... je suis sûr que je serais très-fort à ce jeu-là !

— Il y avait encore la *tirelitantaine*, à *pince sans rire*, à *picoter*, à *la barbe d'Orbus*...

— Expliquez-nous celui-là !

— On fait semblant de faire la barbe à quelqu'un qui a les yeux bandés, et on lui barbouille le visage... quelquefois avec de fort vilaines choses...

— Merci, je n'y jouerai pas à celui-là !

— Enfin, on jouait à la *bousquine*, à *compère*, *prêtes-moi votre sac*, à la *ramasse*, à *vendre l'avoine*, à *croc madame*, à...

— Assez ! assez ! s'écrie monsieur Ludger... décidément nos pères étaient terriblement joueurs pour savoir tant de jeux !

— Je ne vous en ai pas nommé la moitié, car il y en a dont les noms vous auraient effarouchés !

— De tous ces anciens jeux, dit M. Picardin, je vois qu'il n'est guère resté que le lansquenet et le trictrac. C'est égal, mon cher professeur, il faut que vous ayez une bien bonne mémoire pour vous rappeler tout cela !

On se remet à faire la partie de trente-et-un sans écouter Jolichose qui demande à jouer au *casse-pot*.

— Êtes-vous satisfait de vos élèves, monsieur Ludger ? dit Léonie au bout d'un moment.

— Oui, mademoiselle, ils étudient ; mais il y en a qui oublient bien plus vite qu'ils n'ont appris.

— Vous ne devez avoir pour élèves que des jeunes gens déjà un peu grands.

— Oui, malheureusement.

— Pourquoi malheureusement ?

— C'est que j'aurais bien plus de plaisir à former, à instruire un enfant. Dans ces petites têtes qui ne savent rien encore, les leçons du professeur écoutées avec soin, le maître inspire un respect salutaire, l'enfant accepte tout ce qu'il lui dit, et ne songe pas à raisonner avec lui. Il n'en est pas de même chez les adolescents de treize à quatorze ans ; ils se croient déjà des hommes et quelquefois veulent en remontrer à celui qui les instruit ; bien heureux encore quand ils daignent l'écouter et ne se mettent pas à fumer pendant la leçon, car maintenant la fumée envahit tout !

— Vous ne devez pas trouver cela mauvais, vous, monsieur, qui êtes Allemand ; c'est le pays des fameux fumeurs, dit M. Bourlet.

— Je suis d'origine allemande, oui, monsieur, mais je suis né en France, je regarde donc la France comme ma patrie.

— Moi, dit Jolichose, je suis de la rue du Pas-de-la-Mule... et mon père m'a dit l'année dernière : « Tu fumes comme un âne ; « si tu ne sais pas culotter une pipe avant six mois, je ne te laisse « pas mon fonds... » Mais à présent je les culotte très-bien... aussi j'aurai le fonds de papa.

— Son fonds de culottes ?

— Non, mamzelle, de pipes... je veux dire de confection.

— Vous aimez les enfants ? monsieur Ludger, dit Angelle.

— Oui, mademoiselle, beaucoup ; et s'il est vrai, comme je le crois, que chacun naît avec les défauts, les vices qui doivent plus tard se développer chez lui, je suis persuadé qu'en les combattant de bonne heure, qu'en faisant comprendre à un enfant tous les périls auxquels l'exposent ses mauvais penchants, on parvient à les corriger, à les vaincre et à faire un homme honorable de celui qui, abandonné à lui-même, serait devenu un fort mauvais sujet.

— Moi, dit Jolichose, quand j'étais petit je grimpais sur une table pour prendre les pots de confitures que l'on mettait dans le haut d'une grande armoire. Mais on m'a tant donné le fouet, que ça m'a dégoûté des confitures, et puis il n'y en a plus chez nous.

— Ce n'est pas en frappant les enfants que l'on peut les corriger.

— Ah ! je vais quelquefois chez une dame qui a un bien joli petit garçon, dit Angelle ; il est impossible de rencontrer une figure plus gentille, plus spirituelle... ses yeux sont remplis de malice... il est toujours gai, il ne pleure que lorsque sa maman ne veut pas l'embrasser... C'est là sa seule manière de le punir.

— Quel âge a-t-il ?

— Mais... cinq ans et demi, je crois...

— Sa mère doit bien l'aimer.

— Oh ! elle en est folle... aussi dit-elle qu'elle ne veut jamais s'en séparer, qu'il n'ira jamais en pension... qu'elle lui donnera des maîtres qui viendront l'instruire chez elle.

— Quelle est donc, ma fille, cette dame qui a un si charmant enfant ?

— Mon père, c'est madame la comtesse de Valgrave... cette personne pour qui je termine en ce moment de superbes broderies.

— Et qui est aussi aimable que jolie, à ce que ma sœur m'a dit !

— Et fort riche probablement ? dit M. Bourlet.

— Je le crois ; elle habite un fort bel hôtel dans la chaussée d'Antin.

— Cette dame veut garder constamment son fils avec elle, mais il n'est pas dit que le père sera du même avis, car je présume que cette comtesse a un mari.

— Non, mon père, elle n'en a plus, elle est veuve. Il paraît qu'elle a été veuve très-jeune, car je crois bien que cette dame n'a pas à présent plus de vingt-trois à vingt-quatre ans.

— Oh ! alors elle se remariera... elle aura d'autres enfants, et le joli petit garçon sera peut-être un peu moins adoré... dit Ludger.

— Madame de Valgrave ne veut pas se remarier, je le lui ai entendu dire plusieurs fois ; elle veut se consacrer tout entière à son fils...

— Les dames disent cela pendant quelque temps ! s'écrie Bourlet, d'autant plus que la position d'une jolie veuve est fort agréable... on fait des conquêtes, on se moque de ses amoureux... On leur donne à tous des espérances... quelquefois on est cause qu'ils se battent entre eux... c'est très-amusant...

— Que vous êtes méchant, monsieur Bourlet ! vous voyez du mal dans tout... même chez une mère qui veut consacrer sa vie à veiller sur son enfant !...

— Non, mademoiselle, je ne vois pas de mal ! je dis seulement que la position d'une femme veuve, jeune et riche, est très-confortable, et... j'ai trente et un...

Le chat pousse un miaulement plaintif... (P. 3.)

— Ah! vous êtes bien heureux au jeu, Bourlet! je crois que vous ferez bien de rester garçon!...

— J'avais cependant vu dans mes cartes que je gagnerais au jeu ce soir, dit Léonie.

— Est-ce que vous croyez aux cartes, mademoiselle? dit Bourlet d'un air moqueur.

— Pourquoi pas, monsieur? Des gens de beaucoup de mérite y ont cru.

— Moi, dit Jolichose, je voudrais bien être un peu sorcier... Monsieur le professeur, peut-on apprendre à devenir sorcier?

— Non, mon cher ami, car être sorcier, c'est savoir l'avenir, et cette faculté n'est donnée à personne... fort heureusement.

— Cependant, dit Léonie, il y a bien des manières de savoir sa bonne aventure?

— Oui, mademoiselle : l'*astrologie* nous apprend à lire dans le ciel ; la *géomancie* à deviner par les fentes de la terre ; la *chiromancie* par les mains ; la *metopomancie* par le front ; la *pyromancie* par le feu ; l'*hydromancie* par l'eau ; l'*aéromancie* par l'air ; la *catoptromancie* dans un miroir ; la *botanomancie* par les plantes ; la *nécromancie* par la mort ; la *gyromancie* en tournant toujours ; la *téphromancie* en consultant les cendres ; la *sycomancie* par les feuilles de figuier ; la...

— Oh! c'est fini, monsieur Ludger, je ne demande plus rien... tous ces mots là me font mal à la tête... je me contenterai de faire des réussites ; mais, d'ailleurs, puisque vous dites vous-même qu'il n'y a pas moyen de lire dans l'avenir, à quoi servent toutes ces sciences?

— Mademoiselle, les sciences abstraites sont pour la plupart comme la chimie : en cherchant une chose, que souvent on ne trouve pas, on en découvre une fort utile, à laquelle on ne pensait pas.

— A propos de sciences, s'écrie Jolichose, monsieur Bourlet, vous nous avez dit tout à l'heure que vous feriez à M. Ludger des questions auxquelles il ne pourrait pas répondre. Il me semble que voilà le moment.

M. Bourlet se gratte le nez et paraît hésiter.

— Parlez, monsieur, dit Ludger ; certainement je ne me crois pas un second *Pic de la Mirandole*, et vous pourrez facilement m'embarrasser... Parlez.

— Mon Dieu! monsieur Ficheclaque, je ne prétends pas vous embarrasser... je désirais seulement m'éclairer sur certains points... par exemple, pourriez-vous me dire pourquoi les écrevisses qui sont vertes étant vivantes deviennent rouges lorsqu'elles sont cuites?

Toute la société part d'un éclat de rire.

— Voilà une question qui intéresserait probablement une cuisinière, s'écrie Léonie.

— Mademoiselle, dit le professeur en souriant, il paraît qu'elle en intéresse d'autres, car elle a déjà été faite à *Voltaire*, qui a tout bonnement répondu qu'il fallait attribuer à la cuisson ce changement de couleur. Je m'en réfère à l'avis de ce grand homme et ne me flatte pas d'en savoir plus que lui.

— Soit! dit M. Bourlet, c'est la cuisson... au fait c'est probable. Passons à une autre question ; pourquoi un Chinois, lorsqu'il rencontre une personne dans la rue, se déchausse-t-il et met-il son pied dans la boue afin de saluer plus poliment?

— Mais, monsieur, parce que c'est sans doute un usage du pays... Comme je n'ai jamais été en Chine, je ne puis être mieux renseigné sur cette coutume.

— Oh! moi, dit Jolichose, je mets très-souvent mes pieds dans la boue quand je rencontre un ami, mais c'est pour aller plus vite lui serrer la main.

— Autre question, reprend M. Bourlet, mais celle-ci est plus ardue : pourquoi, lorsqu'une femme se noie, reparaît-elle sur l'eau couchée sur le ventre, tandis que, si c'est un homme, il reparaît sur le dos, d'une façon immodeste?...

— Monsieur Bourlet, dit M. Picardin, vous posez là de singulières questions devant des demoiselles...

— Permettez, monsieur Picardin ; ceci est une affaire de pesanteur, de ballon si vous voulez..., ou de physique, je n'y vois rien d'inconvenant...

— Ah! je sais, moi, s'écrie Jolichose, je sais pourquoi l'homme revient sur le dos : c'est parce que...

Sapristi!... pas si fort donc, vous me faites mal... (P. 18.)

— Taisez-vous, Jolichose, dit Léonie, vous allez dire quelque bêtise. Vous voyez bien que M. Ludger juge plus convenable de ne point répondre...

— C'est vrai, mademoiselle, la question de monsieur mérite, sans doute, d'être profondément étudiée... Je lui demande du temps pour essayer de la résoudre.

— Je savais bien que je l'embarrasserais! murmura Bourlet en regardant Léonie, qui lui rit au nez, en disant :

— Elles sont jolies vos questions!... Je ne sais pas où vous avez été les chercher!... mais je vous engage à les mieux choisir une autre fois.

— Moi, dit Jolichose, je ne sais pas faire des questions, mais j'ai été ce matin témoin d'une chose vraiment extraordinaire... Si je ne l'avais pas vue, je ne le croirais pas... c'est un pari qui a eu lieu...

— Voyons, Jolichose, contez-nous cela.

— Voici ce que c'est... cela s'est passé chez le petit marchand de vin traiteur qui est à côté de chez nous.

— Ah! quelque pari, à qui boirait le plus probablement... cela finit toujours mal et le débitant ne devrait pas les tolérer.

— Permettez, monsieur Picardin, d'abord il ne s'agissait pas de boire, mais de manger.

— C'est encore pis! celui qui gagne le pari finit bientôt par étouffer.

— Mais non, personne n'a étouffé ; voici le fait : des individus étaient attablés chez le marchand de vin ; un de leurs amis arrive, qui parie que lui, second, il mangera un boisseau de pommes de terre en une demi-heure ; là-dessus, les autres s'écrient qu'il ne le fera pas... on l'en défie, on parie une bourriche d'huîtres. Le particulier va chercher son second, et il gagne le pari... mais il faut vous dire que son second était un cochon.

La société, qui ne s'attendait pas à ce dénoûment, part d'un éclat de rire ; et Jolichose, enchanté de l'effet qu'il vient de produire, s'approche de Léonie en lui disant :

— Nierez-vous encore que j'ai quelquefois de l'esprit?

— Non, ce soir vous m'avez étonnée... et je préfère votre his-toire aux questions saugrenues que M. Bourlet a faites à maître Ludger.

L'anecdote contée par Jolichose termine la soirée. On prend congé de la famille Picardin : le professeur en regardant tendrement Angelle, Jolichose en marchant sur les pieds de tout le monde, et M. Bourlet en se disant :

— C'est égal... j'ai embarrassé le savant ; il n'a pu résoudre aucune de mes questions.

IV

LE TÊTE-A-TÊTE.

Le lendemain de cette soirée, sur les deux heures de l'après-midi, Ludger se présentait chez M. Picardin. A cette heure-là, le père de famille n'était jamais chez lui, et Léonie était sortie pour porter ses fleurs. Angelle était seule au logis ; elle accueille le professeur avec un charmant sourire, en balbutiant :

— Quoi! c'est vous, monsieur Ludger! quel heureux hasard!... car maintenant il est bien rare que vous veniez nous voir dans la journée !...

Le professeur, qui est très-ému, salue profondément la jeune fille, et, lui présentant un papier plié :

— Il y a quelques jours, mademoiselle, je vous récitais des vers que j'ai traduits d'un poëte allemand, fort peu connu encore ; ces vers vous ont plu beaucoup ; vous m'avez témoigné le désir de les avoir... je les ai écrits, je vous les apporte.

— Ah! merci... merci mille fois de m'avoir copié ces vers... c'est bien aimable à vous... et vous vous êtes donné la peine de me les apporter... cela vous a dérangé...

Angelle dit tout cela d'une façon singulière, en donnant à ses paroles une expression qui semble en forcer le sens... De son côté, en parlant à Angelle, Ludger semble embarrassé et chercher ou retenir ses phrases ; ces deux personnes, qui s'entendent peut-être par le cœur, paraissent toutes deux ne point oser se dire le fond

de leur pensée ; cependant on devine qu'elles en meurent d'envie.
— Cela ne m'a nullement dérangé de venir, murmure Ludger, vous ne le pensez point... n'est-ce pas, mademoiselle ?...

Sans répondre à cela, Angelle va se rasseoir et reprend sa broderie, puis indique une chaise qui est près d'elle.
— Asseyez-vous un moment... si toutefois vous avez le temps, et si cela ne vous ennuie pas trop de rester seul avec moi...
— Encore !... s'écrie Ludger, en poussant un profond soupir. Ah ! vous me dites des choses... Autrefois vous ne m'auriez jamais dit cela !...
— C'est vrai, mais autrefois ne ressemble pas à aujourd'hui ; autrefois, vous-même, en me parlant, vous me disiez simplement : Angelle... et ne m'appeliez pas mademoiselle... Vous en souvenez-vous ?...
— Oh ! oui... j'étais si heureux de ce que cela ne vous fâchait pas.
— Et pourquoi donc avez-vous cessé de me dire tout bonnement mon nom ?... pourquoi avez-vous remplacé cela par le mot si froid... si cérémonieux... mademoiselle ?...

Le professeur ne répond rien, il laisse sa tête tomber sur sa poitrine et paraît accablé. La jolie blonde attend qu'il lui réponde, mais voyant qu'il garde le silence, elle fait un mouvement de dépit, jette de côté son ouvrage, puis, dépliant le papier qu'on vient de lui apporter, lit tout haut :

    L'amour embellit tout, la plus simple retraite,
    Quand il peut s'y glisser, prend un aspect de fête ;
    Il chasse les ennuis, et bannit le chagrin,
    Il donne le bonheur ! il est... l'amour enfin !

La jeune lectrice s'arrête en murmurant :
— Mon Dieu ! pourquoi donc ces poètes parlent-ils sans cesse de l'amour ?... ils ne trouvent donc pas d'autres sujets à traiter ?... A les lire, il semblerait qu'ils savent si bien le sentir, l'éprouver, et je suis sûre que la plupart du temps ils ne pensent pas un mot de ce qu'ils écrivent si bien !...

Mais alors les regards du professeur étaient attachés sur ceux d'Angelle, ils étaient si expressifs, si passionnés, que la douce fille, en les rencontrant, ne peut s'empêcher de baisser les siens, et balbutie :
— Pourquoi donc me regardez-vous ainsi ?
— Pourquoi je vous regarde ! ah ! c'est que je suis si heureux de pouvoir vous contempler tout à mon aise... d'être là, seul, près de vous. Ah ! regardez-moi donc un peu aussi, que je m'enivre de ce bonheur dont je suis privé depuis longtemps... car je n'ose plus vous approcher, je n'ose plus chercher à être seul avec vous... je n'ose plus vous laisser lire tout ce qui se passe dans mon cœur... Ah ! je suis bien malheureux !
— Qu'est-ce que cela signifie ! A vous entendre on croirait que vous m'aimez encore...
— Si je vous aime !... mais plus que ma vie... mais je n'ai pas un instant cessé de vous aimer... Vous êtes tout pour moi !... votre image est sans cesse présente à ma pensée ! Si je vous aime !... Angelle ! chère Angelle ! avez-vous jamais pu en douter ?

Le front de la jeune fille s'éclaircit, une expression de bonheur brille dans ses yeux ; elle regarde tendrement celui qui est à côté d'elle et lui tend la main, en lui disant :
— Ah ! vous m'appelez Angelle, comme autrefois... c'est bien heureux... Voyons... parlons, expliquons-nous enfin... car il y a bien longtemps que je désirais vous parler sans témoin... Vous m'aimez encore... est-ce bien vrai ?
— Je vous le répète, chère Angelle, vous êtes la seule femme que j'aie jamais aimée, la seule qui fera jamais battre mon cœur.
— Ah ! que cela me fait de bien d'entendre cela !... car moi aussi je vous aime, méchant, ingrat... Oh ! je suis certaine que vous n'en avez pas douté un seul instant.
— Vous m'aimez, Angelle, vous m'aimez... ah ! c'est trop... de grâce, ne me le dites pas !...
— Vous ne voulez pas que je vous aime... que je vous le dise ?... Qu'est-ce que cela signifie, mon ami ? on dirait que cela vous fait de la peine de savoir que je vous aime ?...
— Oui... oui... ce que vous dites me rend encore plus malheureux... et cependant, je serais au désespoir si vous ne m'aimiez pas !
— De grâce, Ludger, expliquez-vous ! Votre conduite avec moi est incompréhensible. Quand je n'avais que quinze ans, vous m'appeliez votre petite femme, vous vouliez être déjà mon fiancé ; je

sais bien qu'alors j'étais une enfant... mais vous... vous étiez déjà un homme...
— Sans doute, un homme !... mais un malheureux qui avait à peine de quoi se vêtir, se nourrir, et que votre père avait presque mis à la porte, en lui disant : « Mon garçon, il est inutile que « vous pensiez à ma fille, elle ne sera jamais votre femme, car « vous n'avez point de position, point d'élèves, et, avec tout votre « savoir, vous mourrez de faim ; il faut donc ne plus venir aussi « souvent chez moi, car Angelle va devenir bonne à marier, et « vos assiduités près d'elle pourraient nuire à son établissement. »
— Ah ! ce fut bien mal à mon père de vous dire cela !... mais moi, vous savez bien que je ne pensais pas comme lui... aussi je pleurai beaucoup lorsque nous fûmes près de trois mois sans vous voir...
— Chère Angelle !... ah ! je sentais bien que votre père avait raison, je ne voulais pas que ma présence vous empêchât de contracter une union avantageuse... et je ne serais jamais revenu si...
— Si vous n'aviez pas hérité ?
— Oui, si j'avais dû reparaître devant vous dans le même dénûment !
— Mon Dieu ! que m'importait votre costume, à moi ? est-ce que vous croyez que j'y faisais attention... est-ce qu'on doit aimer quelqu'un pour son habit !... seulement, quand vous êtes venu chez nous dans une autre toilette, quand vous nous avez dit que vous aviez hérité, j'en ai été bien contente, parce que je me disais : « Maintenant mon père ne trouvera plus mauvais qu'il me fasse « la cour... il ne vous refusera plus ma main... » Ah ! comme je me trompais !... Depuis que le sort ne vous est plus contraire, vous revenez chez nous... souvent, c'est vrai ! mais vous n'êtes plus le même avec moi ; vous ne me parlez plus la cour... Au lieu de paraître heureux quand vous êtes là... près de moi, comme à présent, vous êtes triste, rêveur, vous poussez de gros soupirs et vous restez parfois bien longtemps sans prononcer un mot !... Dans les premiers temps, je me disais : « Je suis encore trop jeune pour « qu'il pense à me nommer sa femme ; » mais enfin j'ai atteint dix-sept ans... dix-huit ans... et vous ne m'avez plus fait la cour... aujourd'hui je touche à mes vingt et un ans, et vous ne demandez pas ma main à mon père... Vous voyez donc, monsieur, que je dois penser que vous ne m'aimez plus !...
— Non, chère Angelle, ne pensez jamais cela... c'est peut-être bien mal à moi de vous dire maintenant que je vous aime, mais il m'a été impossible de me contenir plus longtemps... Ah ! je ne pouvais plus résister au désir de vous laisser lire dans mon cœur.
— Comment ? c'est mal à vous de me dire que vous m'aimez, et où donc est le mal, s'il vous plaît, puisque cela me rend heureuse ? Mais enfin, voyons, vous m'aimez toujours... car je vous crois, je veux vous croire ; eh bien, mon ami, pourquoi... mon Dieu !... il faut que ce soit moi qui dise cela tant pis... je veux que vous vous expliquiez... dites-moi pourquoi vous ne demandez pas ma main à mon père... car... il faut bien que je vous l'avoue, votre conduite lui semble fort singulière... il me répète souvent : « Tu es d'âge à te marier... tu devrais l'être... tu vois bien que « le professeur ne songe plus à toi ; peut-être ne se soucie-t-il plus « de prendre une femme, il faut faire un choix... car si tu attends « après maître Ficheclaque pour te marier, je crois que tu resteras « longtemps fille... » Voilà ce que mon père me dit... Mais puisque vous m'aimez toujours... vous allez lui demander ma main, n'est-ce pas ?

Ludger se lève, marche à grands pas dans la chambre, porte ses regards vers le ciel et semble en proie à la plus vive agitation. Angelle le regarde, attend avec anxiété ce qu'il va lui répondre et s'écrie enfin :
— Eh bien, Ludger, vous gardez le silence ?...

Le professeur semble faire un effort sur lui-même et répond enfin :
— Non... je ne demanderai pas votre main à votre père... non... c'est impossible... je ne puis pas... je vous en conjure... mon ami...

Une pâleur effrayante couvre le visage de la jeune fille, ses regards se fixent avec anxiété sur Ludger, tandis qu'elle balbutie :
— Vous ne voulez plus être mon mari ?... vous ne me trouvez plus digne d'être votre femme ?... Mon Dieu ! qu'ai-je donc fait pour que vous me méprisiez ainsi ?...
— Moi ! vous mépriser, chère Angelle ! s'écrie Ludger en courant se précipiter aux pieds de la pauvre fille, qui a les yeux pleins de larmes, je vous honore autant que je vous aime... Quelle femme plus que vous mérite les hommages d'un homme d'honneur ? Ah !

qu'il sera heureux... qu'il sera fier celui qui pourra vous nommer sa femme!...

— Et vous ne le voulez pas, vous, qui dites m'aimer?

— Je ne le puis pas... un obstacle invincible... insurmontable... et voilà ce qui fait mon tourment, ce qui me rend si malheureux... ce qui fait que près de vous une sombre tristesse me mine... car plus je vous vois... plus je sens tout ce que j'ai perdu...

— Un obstacle vous empêche d'être mon mari?... Quel est-il, cet obstacle... quel est-il? De grâce... parlez, je veux le connaître.

— Ne m'interrogez pas... je ne puis vous répondre...

— Comment! vous ne voulez pas me dire ce qui s'oppose à notre union?... Ludger... je vous en prie, soyez franc avec moi.. si vous avez commis quelque action blâmable... ah! vous savez bien que je vous pardonnerai... êtes-vous donc coupable de quelque grande faute?... mais non... c'est impossible... je vous connais, vous étiez bon, sensible, incapable de faire du mal à personne... vous ne pouvez pas être criminel!...Enfin, le fussiez-vous!.. pour moi, Ludger, vous serez toujours innocent... je vous pardonne... je vous plains... je ne vous aimerai pas moins... Mais parlez... je le veux, je vous en supplie... dites-moi ce qui vous empêche de demander ma main... que l'on vous accordera maintenant, vous le savez bien?

Ludger garde quelques moments le silence, puis d'un air accablé il prononce d'une voix entrecoupée :

— Je ne puis vous le dire... j'ai promis de me taire... je vous le répète, il existe un obstacle insurmontable...

— Et vous refusez de me dire ce que c'est?...

— Je ne le puis...

— Et vous n'entrevoyez pas l'espoir de briser un jour cet obstacle qui vous empêche de m'épouser?

— Non, il faut même que je renonce à toute espérance!

— Relevez-vous donc alors, monsieur, on ne reste pas aux genoux d'une pauvre fille que l'on sait ne pas vouloir nommer sa femme... Et vous, monsieur, vous avez raison tout à l'heure, en me disant que vous ne deviez pas me dire que vous m'aimiez... oui, c'est mal... très-mal ce que vous avez fait là... mais rassurez-vous, je ne vous crois plus...

Ludger s'est relevé, il fait quelques pas en arrière et se tient devant Angelle comme un coupable sous le regard du condamneur; mais il reste immobile, garde le silence et baisse ses regards vers la terre.

Angelle s'efforce de surmonter son émotion, et continue, en tâchant de ne point regarder celui qui est devant elle et semble si malheureux.

— Maintenant, monsieur, je comprends que vous aviez bien raison de ne plus me faire la cour... je m'étonne même que vous soyez encore venu nous voir si souvent...

— Si vous l'exigez, mademoiselle, je ne viendrai plus...

— Mais, je n'ai pas dit cela... au contraire... c'est-à-dire venez comme à l'ordinaire... seulement je saurai que je ne suis plus pour moi... et je ne me bercerai plus de sottes illusions... je tâcherai d'oublier jamais que j'avais rêvé... je tâcherai d'avoir le courage de... de me marier... pour être agréable à mon père..., et de ne plus vous regarder que comme un ami... si toutefois cependant il n'y a pas aussi un obstacle à ce que vous soyez mon ami...

Ludger fait un mouvement pour se rapprocher de celle qui lui parle et dont la voix, à chaque instant plus tremblante, annonce tout ce qu'elle souffre, toute la violence qu'elle se fait pour paraître calme, il tend vers elle sa main, en murmurant :

— Par pitié... Angelle.

Mais la jeune fille repousse cette main qu'il lui présente, en disant :

— Oh! il ne faut plus m'appeler Angelle, monsieur Ludger. Vous aviez raison de me dire : mademoiselle... c'est ainsi désormais qu'il faut me parler.. Adieu, monsieur, je ne veux pas abuser plus longtemps de vos moments... et d'ailleurs je pense que nous n'avons plus rien à nous dire...

Le professeur s'incline lentement, tristement, c'est à peine s'il ose lever les yeux et jeter un timide regard sur cette femme à laquelle il vient de dire qu'il l'adorait ; mais il craint de laisser voir deux grosses larmes qui coulent de ses yeux depuis qu'elle a refusé de lui donner sa main. Il va partir... Angelle le rappelle.

— Pardon, monsieur, si je vous retiens encore... mais j'oubliais de vous demander... parce que les personnes n'ont plus les mêmes affections, les mêmes sentiments pour nous, ce n'est pas une raison pour que nous ne désirions plus leur être utile ou du moins faire quelque chose, qui leur soit agréable... Hier au soir, en causant, je me rappelle que vous avez dit aimer beaucoup les enfants et que vous auriez préféré en avoir pour élèves, à des adolescents...

— C'est vrai, mademoiselle, c'est bien ma pensée, c'eût été pour moi un plaisir, j'aurais mis mon ambition à avoir plus tard un élève qui me fît honneur.

— Vous souvenez-vous aussi que je vous ai parlé d'un charmant petit garçon appartenant à une grande dame qui est folle et qui ne veut jamais s'en séparer?

— Oui, mademoiselle, un petit garçon qui a cinq ans et demi à peu près, n'est-ce pas?

— C'est cela même. Eh bien, monsieur, consentiriez-vous, vous serait-il agréable de faire... de commencer l'éducation de ce petit garçon?... je ne vous parle pas d'aller demeurer avec lui, sa maman ne veut jamais le quitter; d'abord il est encore trop jeune pour étudier beaucoup, et sa maman veut surtout qu'on ne le fatigue pas... Dans la première année, ce serait donc seulement une ou deux heures de votre temps qu'il faudrait lui consacrer tous les jours... D'ailleurs vous arrangeriez cela avec madame la comtesse de Valgrave.

— Oui, mademoiselle, je me chargerai avec plaisir d'éclairer, de former la mémoire de cet enfant... surtout s'il annonce autant d'intelligence que vous m'avez dit... Cette dame cherche donc un professeur pour son fils?...

— Elle cherche sans chercher, car elle craint encore que le moindre travail ne fatigue le petit Armand... c'est le nom de son fils ; mais aujourd'hui je vais aller chez elle lui porter ces belles broderies. Depuis longtemps j'avais envie de lui parler de vous, mais auparavant je voulais y être autorisée et savoir si vous consentiriez à donner quelques heures de votre temps à son enfant ; maintenant que je sais que vous le voulez bien, je vais vous désigner à madame de Valgrave. Elle a dit plusieurs fois : « Il faudra que je « trouve un homme instruit, bien doux, bien indulgent, qui pût don- « ner des leçons à Armand... à condition qu'il ne le gronderait « jamais !... » J'ai toujours cru que vous étiez doux et indulgent ; voilà pourquoi vous êtes bien la personne qui convient à la comtesse... Je vais donc lui parler de vous... et lorsque vous aurez le temps de revenir... je vous ferai part de ce qu'elle m'aura répondu.

— Vous êtes bien bonne, mademoiselle, d'avoir pensé à moi..

— Cela vous surprend, monsieur?

— Non! de votre part, rien de bon, rien d'obligeant ne saurait me surprendre..

— Assez, monsieur... vos éloges me sont plus pénibles qu'agréables à entendre ; et maintenant que je vais aller chez madame de Valgrave... je n'ai plus aucun motif pour vous retenir... Adieu, monsieur.

Ludger fait encore un mouvement avec sa main, dans l'espoir de saisir celle d'Angelle ; mais la jeune fille, dont l'air est devenu froid et presque sévère, retire vivement sa main et, ouvrant la porte d'entrée, salue le professeur, qui s'éloigne désolé et sans prononcer un mot.

V

LA COMTESSE DE VALGRAVE ET SON FILS.

Dans un fort bel hôtel de la rue de Provence habite la comtesse de Valgrave et son frère le marquis de Ravageote. Le marquis occupe tout le premier étage ; la comtesse se contente du second.

Dans l'un et l'autre de ces appartements, l'élégance, le bon goût, le luxe donnent une haute idée de la fortune de ceux qui les habitent ; il est vrai qu'à Paris il ne faut pas toujours s'en rapporter à l'étalage, au grand train affiché par certaines personnes cependant quand ce grand train dure depuis des années, quand ce luxe ne s'est pas démenti une seule fois, enfin quand les valets sont toujours polis et respectueux, c'est qu'il y a vraiment de la richesse là-dedans.

La comtesse Valentine de Valgrave, qui a maintenant vingt-trois ans, en paraît à peine vingt. C'est une petite femme toute mince, toute frêle ; une tête blonde et rose, charmante, qui rappelle les délicieux portraits de Watteau ; tout en elle est mignon ; sa main, son pied, sa bouche ; ses yeux sont grands et doux comme ceux d'une madone ; mais ces beaux yeux-là, dont le bleu est pur, ce qui est très-rare chez les yeux bleus, qui se nuancent presque toujours de vert ou gris, ces beaux yeux-là ont toujours une expression de mélancolie qui ne nuit peut-être pas à la beauté de la comtesse, mais qui fait penser que la fortune ne donne pas toujours le bonheur.

Madame de Valgrave est mise avec une grande simplicité, qui annonce encore la femme riche, mais qui n'est point celle de la coquette qui aime à briller et qui veut avant tout être remarquée pour ses toilettes et la magnificence de ses parures; chez elle, ses cheveux, qui sont admirables, sont sa seule coiffure ; il est bien rare qu'elle y ajoute une fleur.

En ce moment Valentine, vêtue d'une robe montante en soie gris de perle, n'a de remarquable dans sa mise que la collerette qui retombe sur sa robe, et dont les riches broderies font honneur au talent de la brodeuse. La comtesse vient d'entrer dans son salon, elle se dirige d'abord du côté de son piano, s'arrête, regarde quelques brochures éparses sur une table, prend un livre près d'elle, s'abandonne à ses pensées, à ses rêveries, à ses souvenirs; car c'est toujours le souvenir qui tient le plus de place dans nos méditations; on aime quelquefois à espérer dans l'avenir, mais on revient bien plus souvent sur ce qui est arrivé ! car là est le réel; il est passé, c'est vrai, mais il a existé, et de même qu'il vous est impossible de diminuer votre âge d'une année ou d'un seul jour, il n'y a pas moyen d'effacer de votre vie ce que vous avez fait, ce qui vous est arrivé.

Un petit garçon, qui entre en courant dans le salon, met fin aux rêveries de la comtesse et fait luire une expression de bonheur sur ses traits. C'est un garçon charmant; sa figure espiègle, vive, mutine, annonce déjà ces natures heureusement douées pour lesquelles tout est possible et auxquelles le travail est facile et l'étude un jeu. Ses grands yeux noirs sont à la fois hardis et doux ; il n'a que fort peu de traits de sa mère, si ce n'est son sourire aimable et bon ; il est déjà grand pour son âge et porte on ne peut mieux une jolie veste bleue toute garnie de boutons d'acier et un petit pantalon large qui ne lui va qu'à mi-jambes et laisse voir des bottines rouges qui le chaussent parfaitement. Car il faut convenir que si, pour le moment, les dames se gonflent affreusement dans leurs crinolines, si les hommes sont horriblement coiffés, avec des petites cuvettes qu'ils portent en guise de chapeaux, en revanche, les enfants sont parfaitement habillés.

Le petit Armand court à sa mère ; il est très-agité, presque en colère, et s'écrie :

— Maman !... maman !... n'est-ce pas que je ne suis pas un âne... et qu'on ne doit pas m'appeler ainsi ?...

Valentine attire son enfant contre elle, l'embrasse, passe sa main dans les beaux cheveux châtains qui bouclent naturellement sur la tête de son fils, et lui dit :

— Toi, un âne, mon ami !... Et qui donc s'est permis de te nommer ainsi ?

— C'est Arthur, le fils de M. de Monvert... M. de Monvert allait chez mon oncle avec Arthur, qui m'a rencontré sous le péristyle... Il avait un beau livre sous le bras... avec des images dedans... Il me l'a montré en me disant : « Qu'est-ce que c'est que cette « image ! » Moi, j'ai dit : « C'est un petit chat qui a des bottes. — Mais comment y a-t-il là-dessous... ? !... » Moi, j'ai répondu : « Je ne sais pas lire. » C'est alors qu'il s'est moqué de moi, en s'écriant : « Tu ne sais pas encore lire, tu es un âne !... » Moi, cela m'a mis en colère, j'ai voulu battre Arthur, mais le domestique de mon oncle est venu et nous a séparés .. C'est égal, maman, je ne veux pas qu'on m'appelle un âne !... Pourquoi donc que je ne sais pas lire ?... Je veux en savoir autant qu'Arthur, et qu'il ne se moque plus de moi... N'est-ce pas, maman, tu vas me faire lire tout de suite ?... ou sans cela je veux battre le petit Monvert !

Valentine embrasse encore son fils, en lui disant :

— Calme-toi, mon ami, le petit Arthur est un impertinent, mais ce n'est pas une raison pour le battre... Il sait lire... mais il a un an de plus que toi... et dans un an, tu seras, j'en suis sûre, tout aussi savant que lui !...

— Un an! c'est si long que ça pour apprendre à lire ?...

— Mon ami, rien ne te presse... tu apprendras tout doucement pour ne point te fatiguer.

— Maman, j'aimerais mieux apprendre vite...

— Mon fils, il faut le temps pour tout ! Mais puisque tu es si pressé d'apprendre, je vais m'occuper de te chercher un professeur...

— Oh ! oui, maman, et puis tu me donneras un livre avec de belles images !... Il y aura aussi un chat qui aura des bottes...

— Oui, mon ami, tu auras tous les contes de Perrault : le Chat botté, le Petit-Poucet...

— Oh ! le Petit-Poucet... que tu m'as conté souvent,... qui est perdu avec ses frères !.. Pourquoi donc sa maman l'avait-elle perdu?

— Les pauvres parents n'avaient plus de quoi nourrir leurs enfants...

— Ah ! mon Dieu !... il y a donc des gens qui n'ont pas de quoi manger, maman ?

— Hélas ! oui, mon ami...

— Mais alors, ceux qui ont beaucoup pour leur dîner doivent leur en donner...

— Sans doute, mon ami, mais il y en a qui refusent quelquefois de donner...

— Ah! c'est bien vilain, cela ; moi, quand je serai grand, je ne refuserai jamais !...

La jeune mère presse son fils contre son cœur, en lui disant :

— Oui, tu es bon, sensible ; tu seras humain pour les malheureux... mais tu es un peu vif... un peu emporté... pour un rien, tu veux te battre .. il faudra te corriger de cela, mon ami.

— Oh ! non, maman, car mon oncle m'a dit dit plusieurs fois : « Armand, tu seras un gaillard !... tu ne te laisseras pas marcher sur le pied... tu seras toujours prêt à te battre pour la moindre offense... Eh bien, c'est comme cela qu'il faudra être, sans quoi je te renierais pour mon neveu !... »

— Ah ! que je reconnais bien là mon frère !... Mais il a eu très-tort de te dire cela, Armand ; ce sont de mauvais conseils qu'il t'a donnés là ! Sans doute un homme doit être brave et ne point tolérer une offense ; mais il y a loin de là à vouloir tirer l'épée pour le moindre mot... pour un regard, un geste mal interprété. Mon fils, c'est moi qu'il faut écouter et non pas votre oncle... Qu'il m'laisse donc le soin de vous élever... Ah ! j'ai payé assez cher le droit de vous avoir près de moi !...

Des larmes tombent des yeux de Valentine, qui serre convulsivement le petit garçon contre son sein, comme si elle redoutait que l'on ne voulût lui enlever son enfant. Armand s'écrie :

— Tu pleures, maman ; qu'est-ce qui te fait pleurer ?...

— Ce sont les paroles de votre oncle, qui voudrait faire de vous un spadassin, un duelliste... comme... comme il en connaît tant.

— Maman, je n'écouterai plus mon oncle... mais, c'est égal, je battrai Arthur, parce que l'autre jour il s'était déjà moqué de moi, quand je lui montrais mon beau cheval de bois... il a dit : « Ce n'est pas là-dessus que je monte, moi, c'est sur un vrai cheval... vivant. On m'apprend à me tenir dessus... Je vais déjà au pas !... » Maman, je veux aussi un cheval pour de bon... un cheval de viande... et on me fera monter dessus.

— Mais, en vérité, mon ami, ce petit de Monvert est donc né pour me désespérer !... Vous donner envie d'aller à cheval à cinq ans et demi !... il ne manquerait plus que cela... Cela n'a pas le sens commun.

— Puisqu'il y va, lui.

— Je vous répète qu'il a au moins un an de plus que vous. Et probablement M. de Monvert s'inquiète peu que son fils tombe ou ne tombe pas de cheval... Mais enfin, mon fils, que signifie ce désir de savoir déjà tant de choses ?...

— O maman !... c'est bien joli de galoper sur un cheval !... j'ai sais bien, quand nous allons en calèche au bois de Boulogne... il passe des cavaliers près de nous... Il y en a qui vont vite... vite... notre voiture ne les rattraperait jamais... Comme cela doit être amusant d'aller comme cela... de dépasser tout le monde !... Quand je serai grand, je galoperai ainsi... j'irai loin... bien loin...

— Et tu laisseras là ta mère... tu la quitteras pour courir le monde !...

— O maman, quand j'aurai été au bout du monde, je reviendrai tout de suite.

— Ne me dis pas cela, Armand, laisse-moi jouir le plus longtemps possible de tes caresses, de ta présence... Tu ne sais pas, mon ami, que je n'ai plus que toi qui m'attache à la vie, que tu es mon seul bien... mon seul bonheur... mon seul espoir dans l'avenir... Un jour peut-être tu pleureras sur les malheurs de ta mère... Oh! mais non, non, il vaut mieux qu'il ne les connaisse jamais.

Et Valentine cache sa figure avec son mouchoir, pour ne point laisser voir ses larmes à son fils :

Une femme de chambre entre et dit :

— La brodeuse de madame demande si madame a le temps de la recevoir.

La comtesse se hâte d'essuyer ses yeux, de surmonter son émotion, en répondant :
— Oui, faites entrer mademoiselle Angelle, je la recevrai avec plaisir.

La femme de chambre se retire, et bientôt la fille aînée de M. Picardin entre dans le fastueux salon, où elle trouve Valentine et son fils. Le petit garçon qui a déjà vu plusieurs fois Angelle, qui se plaît toujours à la caresser, court à elle en s'écriant :
— Ah! c'est ma bonne amie Angelle... Je l'aime bien, toi!...

La jeune fille embrasse Armand et salue respectueusement la comtesse, en lui disant :
— Je vous apporte vos mouchoirs brodés, madame... mais peut-être ai-je mal pris mon temps... et si je vous dérange, je reviendrai...
— Non, mademoiselle, vous ne me dérangez nullement, vous ne pouviez au contraire arriver plus à propos, car j'étais triste.. J'ai besoin de me distraire un peu... et j'ai toujours du plaisir à causer avec vous...
— Madame est bien bonne... Je serais bien heureuse si je pouvais vous faire oublier vos ennuis... En effet, madame la comtesse a l'air plus soucieux qu'à l'ordinaire...
— Oui... mais vous-même, Angelle... Regardez-moi donc... Ah! si je sais lire dans vos yeux, vous avez du chagrin aussi!...
— C'est vrai, madame. Vous avez deviné sur mes traits ce que j'ai éprouvé... Oui, j'ai ressenti une peine bien vive... Je la ressens encore... Oh! mais pardon, madame, ce n'est pas de moi que je dois vous parler.
— Eh! pourquoi donc? Si je pouvais vous offrir quelques consolations, croyez-vous donc que je ne serais pas heureuse de le faire?
— Madame est vraiment trop bonne, mais il y a de ces peines qui n'admettent point de consolation.. qui doivent rester là au fond de notre cœur, qu'elles brûlent, qu'elles dévorent, et qu'on ne saurait guérir...
— Je vous comprends, pauvre fille! c'est une peine d'amour... A notre âge, nous autres femmes, nous ne connaissons... nous ne comprenons vraiment que celles-là!... La richesse, la parure, les fêtes! tout cela ne vaut pas un sourire de celui qu'on aime... N'ai-je pas raison?
— Oh! oui, madame et quand celui qu'on aime ne veut plus... ne doit plus nous sourire... c'est alors que tout s'assombrit autour de nous... et que nous ne pouvons plus sourire non plus!
— Mais il est impossible que vous ne soyez pas aimée, vous si jolie, si douce, si sage!... car c'est votre réputation... c'est tout le bien que l'on me disait de vous, qui m'a fait vous choisir pour brodeuse...
— Ah! madame, de grâce... Tenez, ne parlons plus de moi!
— Soit! je renouvelle vos chagrins sans y porter remède... Voyons ce que vous m'apportez... En vérité, c'est admirable, et vous travaillez comme une fée...
— Je suis bien contente que madame soit satisfaite.
— Et voilà ce que je vous dois...
— Oh! madame paye trop cher...
— On ne paye jamais assez le talent...
— Maintenant, j'ai quelque chose à dire à madame...
— Parlez.
— Il m'a semblé entendre plusieurs fois madame la comtesse témoigner le désir de donner à son fils une personne qui commencerait à lui donner des leçons de lecture... d'écriture...
— Oui, oui, je veux savoir lire! je ne veux plus que le petit Monvert m'appelle un âne! s'écrie Armand en courant dans la chambre. Oh! j'apprendrai bien vite, vous verrez!...
— Vous l'entendez! dit Valentine en souriant; Monsieur mon fils a maintenant le plus grand désir d'étudier... et nous nous occupions de cela quand vous êtes arrivée... Est-ce que vous connaîtriez quelqu'un qui voudrait bien se charger d'apprendre à un enfant de cet âge?
— Oui, madame, oh! oui, je connais quelqu'un qui est bien savant!...
— Mais un maître bien savant ne voudra pas se charger d'apprendre à lire à un petit garçon de cinq ans et demi!
— Pardonnez-moi, madame, ce monsieur s'en chargera avec plaisir, parce qu'il aime beaucoup les enfants...
— Il aime les enfants!... tant mieux... il ne gronderait pas Armand alors... il serait bien doux avec lui!... Vous savez que c'est là ma première condition?
— Soyez tranquille, madame, je ne vous aurais pas proposé ce professeur si je ne savais pas qu'il est tel que vous le désirez pour monsieur votre fils...
— Très-bien, et comment s'appelle ce professeur?
— Il se nomme M. Ludger... Ficheclaque...
— Ficheclaque! ô le vilain nom!...
— Ficheclaque! s'écrie le petit garçon, ah! je ne veux pas de ce maître-là... J'en veux un autre... Je ne veux pas qu'on me fiche une claque!... ou bien je lui en rendrai.
— Rassurez-vous, madame, je vous certifie que ce monsieur est bien mal nommé... il ne donnerait pas une croquignole à un chat! Monsieur Armand, quand vous aurez vu ce professeur, je gage bien qu'il vous plaira... il a la voix aussi douce que votre maman...
— Pourquoi s'appelle-t-il Ficheclaque, alors?
— Il est d'origine allemande, et c'était le nom de son père... mais il est Français, lui, il se nomme aussi Ludger, et à la maison nous ne l'appelons jamais autrement.
— Ludger! à la bonne heure! je préfère ce nom-là. Eh bien, mademoiselle, envoyez-moi ce professeur... Le verrez-vous bientôt?
— Mais... je n'en suis pas bien sûre... Cependant je pense qu'il ne sera pas longtemps sans revenir chez mon père.
— Au reste, rien ne presse... et l'ardeur de monsieur mon fils pour l'étude peut bien se modérer un peu!... Quand vous verrez cette personne, je vous direz de venir nous voir... Mais, je vous le répète, rien ne presse!...
— Il suffit, madame, quand je reverrai M. Ludger, je lui donnerai votre adresse...
— Oui, crie le petit garçon, à Ludger, mais pas à Ficheclaque!...

On entend des pas qui approchent du salon et une voix haute et sèche qui gronde un domestique.
— Voilà mon frère, dit Valentine, on l'entend avant de le voir! Il crie presque toujours après mes gens...
— Je me sauve alors... Adieu, madame la comtesse... Monsieur Armand, voulez-vous m'embrasser?
— Oui, ma petite Angelle... Tu m'enverras Ludger et tu lui diras qu'il ne faut plus qu'il s'appelle Ficheclaque.
— Soyez tranquille... il ne vous fera pas peur.

Angelle embrasse le petit garçon, salue Valentine et sort du salon, au moment où le marquis Gontran de Ravageole y entrait.

VI

LE MARQUIS DE RAVAGEOLE.

Le marquis Gontran de Ravageole a trente-neuf ans et il en paraît plus de quarante, car les excès en tous genres l'ont usé avant l'âge. C'est un grand homme mince, de belle tournure ; sa figure est distinguée, ses traits fortement accusés ; ses yeux noirs ont encore de l'éclat, mais l'expression en est toujours hautaine et souvent railleuse ; son nez long et aquilin ajoute à la sévérité de sa physionomie, et sa bouche pincée, son menton proéminent, achèvent de lui donner quelque chose de méchant. Cependant, quand il veut être aimable, le marquis sait trouver un sourire fort agréable, et c'est encore un fort beau cavalier, toujours mis avec élégance, et portant avec tant d'aisance les modes les plus originales, que c'est souvent grâce à lui qu'elles sont adoptées. Mais ses cheveux qui étaient d'un beau noir deviennent rares sur son front et commencent à grisonner ; ce n'est pas là une des moindres causes de l'humeur acerbe du marquis.

En entrant dans le salon, M. de Ravageole a remarqué Angelle qui en sortait ; il dit à sa sœur :
— Quelle est cette femme?
— Cette femme est une demoiselle, mon frère, c'est elle qui me fait toutes mes broderies ; elle a beaucoup de talent.
— En effet, j'ai souvent admiré les broderies que vous portiez... alors cette... demoiselle, comme vous voulez bien l'appeler, est une brodeuse, une ouvrière?...
— Ce n'est point une ouvrière comme vous pourriez le croire, Gontran ; son père est commis dans une maison de commerce, ses parents sont aisés, et mademoiselle Angelle travaille seulement dans ses moments perdus.
— Très-bien... enfin elle travaille, et je présume que c'est pour gagner de l'argent, elle est jolie... bien faite... vous la nommez Angelle?... où demeure-t-elle?
— Pourquoi me faites-vous cette question?... je pense que vous

n'avez pas envie de chercher à séduire cette jeune personne, et d'ailleurs vous perdriez votre temps ; elle est aussi honnête que sage...

— Ah! ah! sage!... honnête!... vous me faites rire, Valentine ; vous répondez bien légèrement de la sagesse des autres femmes !

— Et vous, vous ne croyez à la vertu d'aucune !

— C'est que je suis payé pour cela, probablement... Une jeune fille qui brode pour le monde et qui est une *Minerve* !

— Parce qu'on travaille avec goût, avec talent, il n'est pas permis de se bien conduire ?

— Laissons cela... nous n'avons jamais eu la même manière de penser... et cependant... ma petite sœur !...

Ces derniers mots sont accompagnés d'un regard sardonique qui fait baisser les yeux à Valentine. Le marquis fait quelques tours dans le salon, puis va pincer doucement l'oreille du petit Armand en lui disant :

— Eh bien, tu veux donc battre le petit Monvert, toi, mon gaillard ?!... c'est Lafleur qui m'a dit cela, il paraît que tu n'y allais pas de main morte... je suis fâché qu'on vous ait séparés...

— Ah ! mon frère ! pouvez-vous dire de telles choses ?... Quoi ! il fallait laisser deux enfants se frapper ?

— Ma sœur, rien ne fait du bien comme l'exercice du pugilat... c'est de la gymnastique... Le grand mal, quand Armand aurait reçu quelques coups !... on n'en meurt pas... A son âge, on ne se défend qu'avec les armes qu'on a reçues de la nature ; plus tard, quand il saura tenir une épée, il se battra comme un gentilhomme...

— Oui, oui, et avec mon épée je donnerai des coups à Arthur... Mon oncle, tu m'as dit que tu m'apprendrais à tirer l'épée.

— Certainement... je serai ton professeur... et pour l'escrime, je te réponds que tu en trouveras peu qui puissent lutter avec moi.

— Quand commencerons-nous ?...

— Quand tu auras sept ans accomplis... je t'achèterai de petits fleurets légers à la main... Je veux faire de toi une fine lame... et qu'à quatorze ans tu puisses lutter avec un prévôt.

— C'est cela ! et puis que, pour un mot, un regard, il aille se battre, qu'il ait des duels toutes les semaines, comme vous avez fait, vous, mon frère !... Oh ! mais je ne souffrirai pas cela... je ne vous laisserai point élever mon fils de cette façon... je lui donnerai des maîtres pour qu'il s'instruise ; qu'il connaisse l'histoire, la géographie, les mathématiques, la littérature, mais je ne veux pas qu'il apprenne à tuer son semblable.

— Est-ce que vous voulez en faire un curé ?

— Il sera... ce qu'il désirera être, mais ce n'est point une raison pour qu'à sept ans vous lui mettiez un fleuret dans la main.

— Ma sœur, vous raisonnez comme une femme ; et en général les femmes raisonnent fort mal, parce que c'est toujours un sentiment qui les fait parler et jamais la raison. Si jadis j'avais un duel toutes les semaines, vous voyez bien que je n'en suis pas mort !... j'ai été blessé quelquefois, c'est vrai, mais rarement, parce que je suis de première force à l'épée. Vous voyez donc bien que c'est nécessaire d'être fort à l'escrime, puisqu'on a plus de chances pour être vainqueur que vaincu... Eh ! de par tous les diables, j'espère bien que vous ne voulez pas que mon neveu soit un lâche qui se laisse provoquer sans aller sur le terrain... Mais, quant à cela, je suis tranquille... j'ai tâté le petit... il ne reculera pas, j'en suis certain ; et puisque vous dites vous-même qu'il suivra la carrière qui lui plaira, je suis bien sûr d'avance qu'il portera un jour une épaulette.

Valentine porte son mouchoir sur ses yeux en disant :

— Quand mon fils sera grand... il fera ce qu'il voudra... je ne mettrai point d'obstacles à ses goûts... mais de grâce, pendant qu'il est encore enfant, laissez-moi être sa mère... laissez-moi jouir de ses caresses, et ne troublez pas le peu de bonheur que vous m'avez permis de goûter.

— Eh ! mon Dieu, ma sœur, est-ce qu'on songe à vous prendre votre enfant !... Laissons ce sujet... Après-demain je pars, je vais passer quelques semaines, peut-être quelques mois en Italie... les médecins prétendent que j'ai besoin de séjourner un peu dans un climat chaud pour refaire ma santé un tantinet délabrée... je crois fort peu aux médecins... je sais bien ce qui referait ma santé... quand j'aurai le courage de ne plus jouer, de ne plus passer les nuits dans les festins... trop arrosés de champagne, de ne plus enlever à mes amis leurs maîtresses, oh ! alors je me porterai à merveille ! je deviendrai peut-être trop gros... mais rien ne presse !... la vie est si courte ! le plaisir avant tout ! Telle a

toujours été ma manière de penser, et je n'en changerai que lorsqu'il me sera impossible de faire autrement. Mais, ayant de partir, j'ai voulu donner une soirée, recevoir du monde... Vous, Valentine, vous ne recevez jamais, vous vivez chez vous comme un rat dans son trou !... la comparaison n'est pas élégante ; mais c'est que je trouve fort ridicule que ma sœur... qu'une Ravageole, au lieu de donner des bals, des fêtes, de recevoir enfin, se tienne sans cesse renfermée dans son appartement et refuse d'aller dans le monde !...

— Je mène l'existence que vous m'avez faite, Gontran, et ce qui me surprend, c'est que vous m'en blâmiez !...

— Vous ne savez ce que vous dites, Valentine, je vous ai fait au contraire une position qui vous permettrait d'être très-heureuse et de satisfaire tous vos penchants, de goûter tous les plaisirs... si vous aviez eu ce goût-là... Veuve!... mais c'est magnifique cela... Combien de femmes voudraient être à votre place !...

La comtesse regarde attentivement son frère, en lui disant à voix basse, afin de ne point être entendue par son fils :

— Mais vous savez bien que je ne suis pas veuve, Gontran, puisque dernièrement encore vous m'avez dit que le comte de Valgrave existait toujours...

— Oui, oui, certainement !... il existe... il se porte même fort bien ; mais le principal, c'est qu'il ne reviendra jamais à Paris... il a pour cela des raisons majeures, et comme il ne tient pas plus à vous voir que vous-même ne désirez sa présence, c'est absolument pour vous comme si vous étiez veuve... Brisons là !... C'est de ma soirée que je veux vous entretenir ; ma sœur, je compte sur vous pour en faire les honneurs...

— Quoi ! Gontran, vous voulez ?...

— Je veux que vous vous donniez la peine de recevoir ma société, qui sera aussi nombreuse que choisie... D'ailleurs j'ai annoncé que vous présideriez à ma réunion, et tout le monde se fait un plaisir de vous voir... vous êtes si rare !... C'est donc une chose entendue !... et si vous pouvez pour ce soir prendre un air un peu moins maussade, cela vous changera, et tout le monde en sera surpris... Je vous quitte, car j'ai encore bien des ordres à donner pour ma soirée... On sautillera un peu au piano, on jouera... car j'aurai de grands joueurs de whist... puis il y aura une espèce de souper... vous serez bien aimable d'y donner l'œil et de voir si rien ne manque !... Armand, tu descendras chez moi ce soir... tu auras des friandises, des gâteaux, des glaces... tant que tu en voudras...

— Oh ! des glaces... je les aime bien !... nous irons chez mon oncle, n'est-ce pas maman ?

— Puisqu'il l'exige... il le faut bien...

— A ce soir, Valentine... Viens m'embrasser, mauvais sujet...

Le marquis embrasse Armand et quitte le salon. Valentine est très-contrariée d'être obligée de faire les honneurs d'une nombreuse réunion ; mais depuis son enfance elle a contracté l'habitude d'obéir à son frère, qui, ayant seize ans de plus qu'elle, l'a toujours traitée comme un enfant qui ne devait point avoir d'autre volonté que la sienne... Cette autorité était devenue presque légitime, lorsque ayant perdu sa mère et leur père, Gontran, qui avait alors vingt-huit ans, avait, par le testament de son père, été nommé tuteur de sa sœur, qui n'en avait que douze. Il était au moins imprudent de donner la tutelle d'une jeune fille, et dont la conduite était loin d'être régulière, à une jeune fille qui, par le legs d'une marraine, se trouvait être millionnaire et par conséquent beaucoup plus riche que son frère ; mais le père du marquis adorait son fils, il excusait ses défauts, ne voyait en lui que l'héritier de sa race et trouvait tout naturel que, lui mourant, ce fût Gontran qui eût toute autorité, tout pouvoir sur sa sœur et surveillât l'emploi de sa grande fortune.

Il est minuit, et les riches salons du marquis sont étincelants de lumières, et embaumés par le parfum des fleurs placées dans d'énormes potiches, qui ont, en beaucoup d'endroits, usurpé la place de meubles gênants pour la soirée. Une société élégante, choisie, s'est rendue à l'invitation de M. de Ravageole, et la comtesse de Valgrave fait avec beaucoup de grâce les honneurs de cette réunion.

Jeune, jolie, riche et veuve, Valentine devait nécessairement avoir une cour nombreuse d'admirateurs qui se seraient volontiers mis sur les rangs pour faire cesser son veuvage, s'ils avaient eu plus souvent l'occasion de soupirer près d'elle. Mais la comtesse se montrait si peu dans le monde, et le marquis avait eu soin de répéter si souvent que sa sœur ne voulait pas se remarier, qu'on avait à peu près renoncé à l'espoir de faire sa conquête.

Un seul de ces messieurs, qui admiraient la comtesse, semblait ne pas perdre l'espoir de captiver la jolie veuve, et bien qu'il n'eût obtenu de celle-ci aucun encouragement, aucune marque de préférence, il se montrait toujours fort empressé près d'elle et faisait tous ses efforts pour en obtenir un tendre regard. Ce personnage se nommait M. de Grézicourt; c'était un homme de trente-six ans, petit, maigre, assez laid de visage, mais qui ne manquait pas d'esprit et montrait beaucoup de curiosité pour connaître les histoires secrètes de toutes les personnes dont la conduite laissait prise à la médisance. Quand ce monsieur avait découvert quelque intrigue piquante, il ne manquait pas d'en faire le récit d'une façon spirituelle, en taisant les noms des héros de l'aventure, mais en faisant leur portrait de manière à ce qu'il fût difficile de ne point les reconnaître; et ce monsieur accompagnait ses récits avec un petit rire sec et un ton de fausset qui en augmentaient encore l'ironie.

On avait déjà dansé un peu. On faisait le whist et on taillait un lansquenet dans un autre salon ; quelques dames avaient chanté des romances, et M. de Grézicourt pressait Valentine de se faire entendre. En vain la comtesse lui répétait qu'elle ne chantait pas, ce monsieur insistait toujours en disant :

— Vous devez chanter avec une voix si douce, il n'est pas possible que vous ne chantiez pas. D'ailleurs, vous êtes musicienne, puisque vous touchez du piano.

— Ce n'est pas une raison pour que j'aie de la voix...

— Et vous, monsieur, pourquoi ne chantez-vous pas ? dit le petit Armand, qui se trouvait alors près de sa maman.

— Moi, mon cher ami, je ne chante pas... parce que je n'ai pas de voix ; et puis, pour la romance, les voix d'hommes sont très-rares et peu sympathiques !...

— Peu sympathiques ! s'écrie une dame sur le retour, mais qui a été fort belle et dont la parure à la dernière mode annonce qu'elle n'a pas encore renoncé à l'espoir de plaire. Ah ! monsieur de Grézicourt, vous vous connaissez bien peu en voix ! mais au contraire ce sont les hommes qui, lorsqu'ils savent bien chanter la romance, ont de la sympathie dans la voix... Vous n'avez donc jamais entendu chanter M. de Charmeuse... Ah ! comme il chantait bien !... quelle voix ravissante ! il tournait toutes les têtes dès qu'il chantait une romance...

— Les têtes des dames, je présume ?

— Ah ! que vous êtes insupportable !

— Il était bien heureux, ce monsieur... Si j'avais une voix à tourner les têtes, je me permettrais d'en user...

— Et d'en abuser probablement.

Lorsqu'on a prononcé le nom de M. de Charmeuse, Valentine a éprouvé comme une vive commotion ; elle s'empresse de prendre son fils dans ses bras et de l'embrasser.

— Et qu'est-il devenu, ce monsieur si sympathique et qui chantait si bien ? reprend Grézicourt.

— Édouard de Charmeuse ?... ah ! c'était un charmant cavalier... Mais quel mauvais sujet !... Il faisait la cour à toutes les femmes !

— Je ne l'en blâme pas, madame.

— Oui, mais comme il était fort joli garçon, il séduisait, il ensorcelait... Quel monstre !... Ah ! ses aventures !...

— J'ai dans l'idée que cette dame a été un peu ensorcelée par ce monsieur ! dit tout bas Grézicourt en se penchant vers l'oreille de la comtesse ; mais celle-ci ne semble pas l'entendre et ne lui répond pas.

— Par malheur, M. de Charmeuse menait sa fortune comme ses amours... très-grand train... il s'est ruiné en peu de temps, et un beau matin, il s'est trouvé fort au dépourvu...

— Comme la cigale !...

— Il est parti... il s'est expatrié... Ce pauvre Charmeuse... ah ! il doit bien regretter Paris !...

— On parle de Charmeuse ? dit un monsieur qui sort du salon de jeu.

— C'est moi, baron... qui le regrette beaucoup, parce qu'il était fort aimable.

— Eh bien, consolez-vous, madame, vous allez le revoir incessamment.

— En vérité !... il reviendrait à Paris ?

— Oui, madame ; j'ai eu de ses nouvelles par quelqu'un qui l'a connu en Amérique... car c'est en Amérique qu'il était allé se réfugier lorsqu'il est parti il y a six ans... Il avait par là un parent... un oncle, je crois, qui était fort riche, mais n'avait jamais rien voulu faire pour son neveu, qu'il traitait de mauvais sujet... Il paraît que là-bas Édouard de Charmeuse est devenu plus sage... Ce qu'il y a de certain, c'est que son oncle, qui vient de mourir, lui a laissé toute sa fortune... Vous comprenez que Charmeuse n'a pas eu envie alors de rester en Amérique ; il s'est embarqué, il revient en France, et au premier jour... Ah ! mon Dieu ! mais madame la comtesse perd connaissance...

Depuis quelques moments Valentine, devenue d'une pâleur extrême, faisait ses efforts pour contenir son émotion, mais ses forces venaient de l'abandonner, et elle s'était évanouie. Chacun s'empresse auprès d'elle. On lui fait respirer des sels, on la porte contre une fenêtre qu'on vient d'ouvrir. Le petit Armand ne veut pas lâcher la main de sa maman, à laquelle il ne cesse de répéter :

— Maman... il ne faut pas t'endormir encore... Maman, réveille-toi !...

— Qu'est-ce donc ? qu'y a-t-il ? demande M. de Ravageole en entrant dans le salon où est sa femme.

— C'est madame de Valgrave qui vient de perdre connaissance...

— Oh ! ce n'est rien... elle revient à elle...

— Et cela lui a pris sans motif ?...

— C'est la chaleur sans doute !...

— Il ne fait cependant pas trop chaud ici ! dit M. de Grézicourt ; on parlait du prochain retour de M. Édouard de Charmeuse... madame la comtesse semblait très-émue... puis ensuite...

Gontran regarde Grézicourt avec impatience et s'empresse de lui couper la parole en s'écriant :

— Ah ! Charmeuse revient... tant mieux... c'est un beau joueur... Eh bien, Valentine, cela va mieux, à ce que je vois ?... C'est donc un étourdissement qui vous a pris ?

— Oui... oui... mais c'est fini... Mille pardons, mesdames, de vous avoir un moment inquiétées, répond Valentine en embrassant son fils.

— Maman, on est donc malade en dormant ?

— Non, mon ami... c'est passé.

— Voilà ce que c'est, ma sœur, que d'aller si rarement dans le monde... On s'étourdit quand on se retrouve en nombreuse compagnie... Mais vos couleurs sont revenues... et les dames peuvent de nouveau se livrer à la danse...

— Madame de Valgrave ne semblait pas du tout étourdie ! dit M. de Grézicourt en suivant le marquis dans le salon où l'on joue ; mais elle a changé de couleur tout à coup... on parlait de ce M. de Charmeuse... que je ne connais pas... Vous le connaissez, vous, marquis ?

Gontran, sans répondre un seul mot à ce monsieur, se jette dans un fauteuil et se met à marquer avec son pied sur le parquet la mesure d'une valse qu'on est en train de jouer. M. de Grézicourt attend toujours qu'il lui réponde, quand un monsieur qui passait vient à lui :

— Bonsoir, Grézicourt... me voilà revenu, moi, j'arrive de Vienne... j'y ai passé six mois.

— Allons, il paraît que tout le monde nous revient... Ah ! vous avez été en Autriche ?..

— Oui... beau pays... Le connaissez-vous ?

— Assurément... j'y suis allé il y a trois ans... C'était, je crois, la patrie du comte de Valgrave, votre beau-frère... n'est-ce pas, monsieur de Ravageole ?

Gontran lance sur Grézicourt un regard de mauvaise humeur, en murmurant :

— C'est possible !...

— Comment !... c'est possible !... mais c'est vous-même qui me l'avez dit, lorsqu'un jour vous demandant quel était l'heureux mortel qui avait épousé madame votre sœur, vous m'avez répondu : « Un Autrichien... le comte de Valgrave, de Vienne. »

— Eh bien ! après ?

— Après, quand je suis allé à Vienne... en causant avec de très-nobles personnages, je leur dis que j'avais l'honneur de connaître la veuve d'un de leurs compatriotes... car madame la comtesse a perdu son mari quelques mois après son mariage, à ce que nous avez dit encore ?

Gontran ne répond rien, mais ses pieds battent la mesure de la valse beaucoup plus vite que le piano. M. de Grézicourt continue :

— C'est bien malheureux de mourir quand on vient d'épouser une femme charmante !... Je parlai donc à plusieurs gentilshommes du triste accident arrivé à leur compatriote... mais, à ma grande surprise, personne d'eux n'avait connu ni jamais en-

Laissez-moi mourir à vos pieds!... (P. 19.)

tendu parler du comte de Valgrave!... « Comment ! leur dis-je, ce seigneur vous est inconnu ?... mais il possède un château dans les environs... » car vous m'aviez aussi parlé d'un superbe château que votre beau-frère possédait près de Vienne... et tous ces messieurs me répondirent : « Nous connaissons toutes les propriétés qui sont dans les environs et appartiennent à la noblesse ; il n'y en a aucune qui ait pour maître votre comte de Valgrave... » Pardieu ! me dis-je, voilà qui est particulier... car enfin, vous, marquis, vous avez dû prendre des renseignements sur ce comte qui a épousé madame votre sœur... et je ne m'explique pas...

Gontran se lève brusquement en disant :

— Ce que je ne m'explique pas, moi, c'est qu'il y ait dans le monde des gens assez curieux, assez impertinents pour vouloir tout connaître, tout savoir, pour s'occuper sans cesse de choses et de personnes qui ne les regardent pas !... Ces êtres-là sont bien insupportables en société !...

M. de Grézicourt fait deux pas en arrière, se pince les lèvres, lance son petit rire en notes aiguës, puis murmure :

— Est-ce pour moi que vous dites cela, monsieur le marquis ?

— Eh ! sans doute, monsieur, c'est pour vous !... voilà une heure que vous me répétez un tas de balivernes... que vous vous permettez de m'interroger sur des personnes qui me touchent de près... Il n'y a qu'un sot ou un impertinent qui puisse se conduire ainsi !...

M. de Grézicourt a bondi de colère en s'entendant appeler sot ; le mot impertinent aurait peut-être été excusé, mais s'entendre appeler sot blessait par trop l'amour-propre de ce monsieur, et il s'écrit :

— Monsieur de Ravageole... vous m'insultez !... Vous allez à l'instant même rétracter les paroles que vous venez de m'adresser... je l'exige !

— Moi ! rétracter ce que je viens de vous dire !... oh ! c'est trop fort... Je maintiens tout ce que j'ai dit, je suis même tout disposé à le répéter...

— Alors, monsieur, vous me rendrez raison de cette offense...

— Oh ! pour cela, très-volontiers, et nous sommes d'accord...

Envoyez-moi demain matin vos témoins, et l'affaire ne traînera pas en longueur !...

— Ils seront chez vous demain de bonne heure.

— C'est parfait !

Cette querelle a été si prompte, elle s'est terminée si vite, que c'est à peine si elle a été entendue par quelques personnes qui ne jouaient pas. Cependant un jeune homme, qui a deviné à peu près quelle en serait la suite, s'approche de Gontran, en lui disant :

— Qu'est-ce donc, monsieur le marquis ?... Il m'a semblé que vous veniez d'avoir quelques mots avec M. de Grézicourt... et qu'une rencontre devait en être la suite... Ai-je mal entendu ?

— Non pas, vous avez très-bien entendu, mon cher ami, et pour peu que cela vous soit agréable de voir le dénoûment de cette affaire, venez me trouver demain matin, vous serez un de mes témoins, avec le colonel qui taille un lansquenet.

— C'est me faire beaucoup d'honneur, monsieur le marquis, et j'accepte avec reconnaissance. Dites-moi, l'affaire est-elle susceptible de s'arranger à l'amiable ?

— S'arranger ! Apprenez, jeune homme, que jamais je n'ai été sur le terrain sans me battre ; je ne me dérange pas pour recevoir des excuses !...

— Oh ! très-bien, monsieur le marquis, c'est entendu.

M. de Grézicourt était parti aussitôt après l'altercation qui avait eu lieu entre lui et le marquis. La réunion se termine vers les deux heures du matin, et c'est avec joie que Valentine peut enfin regagner son appartement, ignorant entièrement la scène qui s'était passée entre son frère et M. de Grézicourt.

Le lendemain, sur le midi, le duel avait lieu dans un endroit écarté de la forêt de Saint-Germain. On se battait à l'épée, et M. de Grézicourt, qui était bien loin d'être de la force de son adversaire, ne tardait pas à recevoir un grand coup d'épée dans le côté.

Alors Gontran regagne sa voiture, en se disant :

— Cela apprendra à ce monsieur à vouloir savoir ce que c'est... ou ce que c'était que le comte de Valgrave.

Il te faut une femme à la tête de ta maison. (P. 22.)

VII

LUDGER CHEZ LA COMTESSE.

Depuis l'entretien qu'elle avait eu avec le professeur, Angelle était plus triste, plus silencieuse que jamais; lorsque, dans la journée, elle était seule avec sa sœur, celle-ci faisait tout son possible pour l'égayer, pour l'obliger à causer un peu; mais la plupart du temps elle n'obtenait d'Angelle que des mots sans suite ou des réponses qui prouvaient qu'elle n'avait pas écouté ce qu'on lui disait.

Dix jours s'étaient écoulés, et Ludger n'était pas revenu chez M. Picardin. M. Bourlet était radieux de ne plus rencontrer celui qu'il regardait comme un rival; il ne manquait pas, lui, de venir le soir faire sa partie de trente-et-un, et lorsque la soirée s'avançait et que Ludger n'avait point paru, il se frottait les mains et s'empressait de dire:

— Décidément, maître Ficheclaque vous fait faux bond, mesdemoiselles; il ne vient plus faire la partie de Picardin... il vous délaisse... Il aura fait d'autres connaissances auxquelles il consacre tous ses moments.

— M. Ludger peut avoir de nouveaux élèves le soir qui lui prennent tout son temps, dit Léonie.

— Oh! les élèves le soir... on ne donne guère de leçons passé dix heures... et comme nous restons toujours ici jusqu'à onze, si ce monsieur voulait venir vous voir, il en aurait encore bien le temps...

— M. Ludger est peut-être malade... murmure Angelle d'une voix faible.

— Malade! oh! non; je puis vous certifier qu'il n'est pas malade; je l'ai encore rencontré avant-hier... il a fort bonne mine, il m'a même paru engraissé.

— Que cet homme est mauvais! dit tout bas Léonie à sa sœur; mais il va me payer ça!...

— Je suis fort aise de savoir que le professeur se porte bien, dit M. Picardin, car c'est un garçon que j'aime beaucoup; et comme il n'a pas l'habitude d'être si longtemps sans venir, cela commençait à m'inquiéter... mais puisque vous l'avez rencontré...

— Et qu'il est engraissé, s'écrie Léonie, il n'a pas perdu de temps... Depuis une dizaine de jours que nous ne l'avons vu, il a trouvé le moyen d'engraisser...

— Moi, dit Jolichose, j'ai maigri d'un kilo et demi depuis deux mois... j'en suis sûr, je me suis fait peser.

— Ah! vous vous faites peser... je croyais qu'on ne pesait que les bêtes et les denrées.

— Oh! mademoiselle, on pèse tout!...

— Et dans quel but vous faites-vous peser, vous, monsieur Jolichose?

— Mademoiselle, c'est que mon père m'a dit souvent: « Tu n'as pas assez de poids pour tenir une boutique et pour que je te cède mon commerce. » Alors je me fais peser pour savoir si j'ai plus de poids.

— Et combien faut-il que vous pesiez pour que votre père vous cède son fonds?

— Ah! je ne sais pas, mademoiselle.

— Vous ne savez pas et vous vous faites peser!... Pauvre petit Cloud, est-il amusant!

— Mademoiselle, je vous en prie, ne m'appelez pas Cloud! Je vous ai dit que cela me blessait...

— A quel endroit! demande M. Bourlet en riant.

— Monsieur, je ne vous ai pas dit que j'en avais! répond le jeune homme d'un air furibond.

— Allons, Jolichose, ne vous fâchez pas! reprend Léonie; M. Bourlet a voulu rire, voilà tout... et il a l'air si joyeux, ce soir, que je crains qu'il n'en perde sa perruque...

— Ma perruque! comment avez-vous dit, mademoiselle?... ma perruque!

— Sans doute; elle est ce soir tellement avancée sur votre front, que je crains qu'elle ne vous tombe sur le nez...

— Mademoiselle, vous plaisantez sans doute! Vous savez bien que je n'ai pas de perruque.

— Oh! par exemple!... c'est vous qui croyez nous attraper...

vous pensez apparemment que cela ne se voit pas... mais je vous assure qu'on voit très-bien que vous portez une perruque...

— Moi, porter une perruque! s'écrie Bourlet, qui devient écarlate de colère; encore une fois, mademoiselle, vous êtes dans l'erreur : ce sont mes cheveux que vous voyez...

— Laissez-nous donc tranquilles... est-ce qu'on a des cheveux jusque sur les yeux? C'est votre perruque qui descend trop bas... Monsieur Picardin... monsieur Jolichose! je vous prie, et, au besoin, je vous somme de me tirer les cheveux pour que vous puissiez affirmer à mademoiselle que je n'ai point de perruque... rien de postiche sur la tête... De grâce, tâtez, messieurs!

Pour satisfaire M. Bourlet, M. Picardin et Jolichose vont lui tâter les cheveux, et ce dernier s'en acquitte si bien, que Bourlet pousse un cri, en disant :

— Sapristi!... pas si fort, donc! vous me faites mal, monsieur Jolichose.

— Oui, ce sont bien vos cheveux...

— Il n'y a pas le petit toupet, dit M. Picardin.

— Vous l'entendez, mademoiselle?

— Eh bien, cela m'étonne, répond Léonie; vos cheveux ont tout à fait l'air d'une perruque... Savez-vous ce que vous devriez faire, en ce cas? vous devriez vous faire raser la tête et mettre une perruque bien faite; comme cela, vous auriez l'air d'avoir vos cheveux.

M. Bourlet ne répond pas; il est très-vexé. Pour achever de le dépiter, la porte s'ouvre et le professeur se présente dans le salon.

Ludger s'avance d'un air timide et comme s'il craignait d'être mal accueilli. Il est très-pâle, sa figure est plus amaigrie depuis qu'on ne l'a vu chez M. Picardin. Celui-ci court au-devant du professeur et lui presse la main en s'écriant :

— Ah! je suis bien aise de vous voir, mon ami... Tenez, nous parlions de vous il n'y a qu'un instant.

— Oui, dit Léonie, et M. Bourlet, qui, dit-il, vous a rencontré avant-hier, nous affirmait que vous étiez engraissé... Franchement, il n'y paraît pas!... n'est-ce pas, Angelle, et l'on croirait plutôt que M. Ludger a été malade!...

Angelle ne répond rien, mais elle regarde le professeur avec un regard qui parlait pour elle et laissait voir tout l'intérêt que lui inspirait sa mine triste et souffrante. Ludger s'incline devant les deux sœurs, tout en balbutiant :

— On a bien de la bonté d'avoir daigné penser à moi... J'ai eu beaucoup d'occupations nouvelles... ce qui m'a privé du plaisir de vous voir depuis quelques jours.

— Si vous êtes si occupé, dit Angelle, je pense que vous ne pourrez pas accepter ce que j'avais proposé à madame la comtesse de Valgrave... Elle voulait bien que vous allassiez chez elle donner des leçons à son fils... Vous m'aviez dit que cela ne vous était pas désagréable de commencer un enfant si jeune... mais je présume que maintenant vous ne le voudrez plus...

— Pardonnez-moi, mademoiselle, puisque vous avez bien voulu parler de moi à cette dame et qu'elle m'agrée, je tâcherai de me rendre digne de votre recommandation. Quand puis-je me présenter chez madame de Valgrave?

— Mon Dieu! dès demain si vous voulez, car il y a dix jours au moins que j'ai parlé de vous à cette dame, et elle doit être étonnée de ne vous avoir encore vu.

— J'irai demain, mademoiselle.

— Tenez, voilà son adresse...

Angelle présente une carte au professeur; celui-ci la prend d'une main tremblante, en tenant toujours ses regards baissés. Cependant, en saisissant cette carte, ses doigts effleurent ceux de la jeune fille; il voudrait bien les presser, les tenir un moment... mais, soit que l'on ait deviné son intention, la main se retire bien vite, et Ludger n'a pu saisir que la carte.

— C'est égal! s'écrie Jolichose, M. Bourlet n'avait pas ses lunettes quand il a dit que maître Ficheclaque était engraissé...

— Monsieur, je ne porte pas plus de lunettes que de perruque! répond Bourlet avec humeur.

— C'est que franchement M. le professeur est si pâle... si pâle... on croirait qu'il n'a pas mangé depuis huit jours!...

— Ah! que c'est digne de Cloud, ce que vous dites là! dit Léonie.

— Mademoiselle, je dis cela... on ne peut pas fâcher monsieur... Puisqu'il gagne beaucoup d'argent, il peut beaucoup manger.

— Être pâle donne un air intéressant! murmure Bourlet.

— Oh! alors, vous n'êtes jamais intéressant, car vous êtes toujours rougeaud, vous, papa Bourlet!

— Monsieur Jolichose, je vous ai déjà prié de ne point m'appeler papa... cette locution familière ne vous est point permise avec moi... Si vous recommencez, je vous appellerai Cloud et jamais autrement.

— Quand vous m'aurez appelé Cloud cinq fois, qu'est-ce que ça fera?

Léonie part d'un éclat de rire, et M. Picardin en fait autant, en disant :

— Je crois que Jolichose se permet le calembour!

Angelle et Ludger tâchent de se regarder à la dérobée, baissant bien vite les yeux lorsque l'un ou l'autre lève les siens. M. Bourlet continue de se mordiller les lèvres avec dépit.

La soirée était déjà avancée, car le professeur était venu tard; la société prend congé de la famille Picardin.

— Ne soyez pas si longtemps sans venir nous voir, dit le maître de la maison en serrant la main de Ludger.

Celui-ci regarde Angelle, en répondant :

— Croyez bien, monsieur, que lorsque je ne viens pas... c'est pour moi une grande privation.

— Il ne faut pas tant travailler... que diable!... vous vous fatiguez trop, vous vous rendrez malade... Vous êtes véritablement changé, mais pas comme Bourlet nous l'a dit!

— C'est probablement ma perruque qui me faisait voir de travers! dit Bourlet en ricanant.

Léonie rit encore, car elle voit que le gros monsieur ne lui pardonnera jamais l'histoire de la perruque. Angelle, au moment du départ, accorde enfin un long regard à Ludger, qui, cette fois, ne baisse plus la tête et aspire ce regard comme s'il lui rendait la vie. Jolichose dit tout bas à Léonie :

— Encore deux ou trois kilos, et je crois que je pèserai assez pour avoir les fonds de papa.

— Eh bien! après?

— Après!... je ne vous en dis pas plus!

— Ah! tant mieux, j'aime autant cela.

Le lendemain, vers les deux heures de l'après-midi, le professeur se présente à l'hôtel de Ravageole. Il s'adresse au concierge :

— C'est ici la demeure de M. le marquis de Ravageole?

— Oui, mais si vous avez affaire à M. le marquis vous arrivez trop tard; il est parti il y a trois jours pour l'Italie, et sera peut-être deux mois absent.

— Ce n'est point M. de Ravageole que je désire voir, mais sa sœur, madame la comtesse de Valgrave.

— Je ne sais pas si elle visible... Montez au second, vous trouverez ses domestiques.

Ludger monte un bel escalier orné de statues et d'arbustes en fleurs. Au second étage il trouve une camériste et la prie d'annoncer à la comtesse qu'il est la personne envoyée par mademoiselle Angelle.

On ne tarde pas à venir lui dire que madame de Valgrave est prête à le recevoir. On lui fait traverser plusieurs pièces, ses pieds foulent des tapis épais et moelleux, et il arrive enfin dans le salon, où la comtesse est seule avec son fils.

Depuis cette soirée donnée par son frère et dans laquelle on avait parlé du prochain retour de M. Édouard de Charmeuse, Valentine n'était plus la même. A cette apathie, à cette indolence qui se montraient dans toutes ses actions et que son fils avait seul le pouvoir de rompre, avait succédé une agitation, une espèce de fièvre qui ne lui permettait plus de goûter un moment de repos; le moindre bruit, l'annonce d'une visite lui causaient une forte émotion, et cent fois dans la journée elle paraissait écouter et espérer l'arrivée de quelqu'un. Mais ce changement opéré en elle, bien loin de nuire à son amour pour son fils, semblait l'augmenter encore; elle voulait l'avoir presque toujours avec elle, elle ne pouvait se lasser de le contempler, et l'on aurait dit que dans ses traits enfantins elle cherchait à en retrouver d'autres.

L'annonce d'une personne qui désirait la voir avait donc d'abord vivement ému Valentine, puis en apprenant qui c'était, ses traits avaient perdu de leur animation, comme quelqu'un qui voit encore une douce espérance s'évanouir.

Ludger salue profondément, la jeune femme lui fait signe d'avancer, tandis que le petit Armand se serre contre sa mère, en regardant avec défiance ce grand monsieur qu'il ne connaît pas.

— Approchez, monsieur, c'est vous qui m'êtes adressé par mademoiselle Angelle Picardin?

— Oui, madame, je suis le professeur dont elle vous a parlé...

— Asseyez-vous, monsieur... Est-il vrai que vous consentez à donner des leçons à cet enfant? Vous le voyez... il est encore bien jeune... il ne sait encore rien...

— J'aime mieux cela, madame; ma méthode pour apprendre aux enfants est si simple, si facile, que je réussis mieux lorsque mes élèves n'ont pas reçu de mauvais principes, qui souvent surchargent inutilement leur mémoire...

— Du reste, mon fils a grande envie d'apprendre...

— Et il apprendra vite, madame; je vois cela dans ses yeux... ceux des enfants ne trompent pas...

— Vraiment, monsieur? comment le trouvez-vous?

— Charmant, madame, non-seulement parce que ses traits sont jolis, mais parce qu'ils ont une aimable expression et que ses yeux pétillent d'intelligence.

— Trouvez-vous qu'il me ressemble?

— Mais, madame... si vous me permettez d'être franc...

— Oh! je vous en prie.

— Je ne vois guère de rapport entre les traits de monsieur votre fils et les vôtres... mais peut-être qu'en grandissant...

— Oh! ne me croyez pas faire de peine en me disant cela... bien au contraire... mon fils est tel que je le désirais...

— Il ressemble probablement à son père... et vous rappelle des traits qui vous étaient chers?

— Oui... oui... il ressemble beaucoup à son père. Armand, c'est monsieur qui veut bien prendre la peine de t'instruire... Tu n'auras pas peur de lui, n'est-ce pas? car monsieur a l'air bien doux.

Le petit garçon regarde quelques instants Ludger, puis répond:

— Non, il n'a pas l'air méchant... mais pourquoi qu'il s'appelle Fiche... Ficheclaque?

— Mon petit ami, répond Ludger en souriant, il ne faut pas toujours juger les personnes sur leur nom... une étiquette est souvent trompeuse. Le nom le plus bizarre, quand il est porté par un homme de génie, devient beau et s'ennoblit! Ce n'est pas le nom que nous avons reçu de nos parents qui doit nous faire aimer et respecter; c'est nous qui, par nos vertus et notre mérite, devons faire honorer notre nom. Celui de Ficheclaque me vient de mon père, mais jamais il n'a été honni par mes élèves, car jamais je n'ai donné une chiquenaude à aucun d'eux. Voulez-vous me donner la main? je ne serai pas votre maître, je serai votre ami.

L'enfant sourit; il regard sa mère, puis tend sa main à Ludger, en lui disant:

— Voilà ma main, mon ami... Maman, entends-tu? il ne sera pas mon maître, il sera mon ami! Ah! c'est plus gentil, cela... Tu verras que j'apprendrai bien, mon ami!...

— Mon fils, je vois que monsieur sera très-bon pour toi... et que je ne pouvais rencontrer quelqu'un qui me comprît mieux, car M. Ludger... Vous vous nommez aussi Ludger, n'est-ce pas?

— Oui, madame.

— Eh bien! M. Ludger a vu tout de suite que tu étais le bijou, le trésor de ta mère, et il sait bien que s'il se montrait sévère avec toi, ce serait aussi me faire du chagrin... Mais la bonté que te témoigne monsieur ne saurait te faire oublier qu'il est ton professeur, que tu dois le respecter... et non pas te permettre de le tutoyer...

— Puisque nous sommes amis!...

— De grâce, madame, laissez monsieur votre fils me traiter comme le lui dictera son cœur... L'amitié est plus douce que le respect...

— Oui... oui... nous sommes amis... mais j'apprendrai vite à lire, parce que je ne veux plus que le petit Monvert dise que je suis un âne... n'est-ce pas, mon ami Ludger? Ah! vois-tu, j'ai bien retenu ton nom!

— Soyez tranquille, cher enfant, vous apprendrez vite et facilement.

— Quant aux émoluments, monsieur Ludger, vous les fixerez vous-même, et j'approuve d'avance... Vous êtes très-savant, m'a-t-on dit; c'est donc une grande condescendance de votre part de vouloir bien instruire un enfant. Je veux que vous en soyez largement rétribué.

— Madame est trop bonne.

— Vous aurez la pièce qui tient à ce salon pour donner vos leçons... Cela ne vous contrariera pas que j'y assiste quelquefois?

— Jamais, madame! Votre présence ne pourra que donner de l'émulation à monsieur votre fils...

— Vous viendrez vers le midi... et quatre fois dans la semaine; ce sera assez dans les commencements pour ne pas le fatiguer, n'est-ce pas?

— Oui, madame, c'est une chose convenue. Quand désirez-vous que je commence?

— Mais... dès demain, si vous le pouvez...

— Oui, madame, vous pouvez compter sur mon exactitude.

— Oui, oui, viens demain, mon ami! Je le veux aussi, moi, s'écrie Armand.

Ludger salue profondément la comtesse et s'éloigne, après avoir encore serré la main que lui tend le petit garçon.

VIII

ÉDOUARD DE CHARMEUSE.

Il y a trois semaines que Ludger donne des leçons au petit Armand, qui apprend très-bien et s'est pris d'une telle amitié pour son professeur, qu'il s'impatiente et s'inquiète lorsque celui-ci est en retard pour l'heure de la leçon.

Valentine a assisté aux premières leçons données à son fils; puis, lorsqu'elle voit le parfait accord qui règne entre l'élève et son maître, le vif plaisir que le petit Armand éprouve en voyant arriver son professeur, l'amitié sincère qu'il lui témoigne, elle se dispense de rester près d'eux, et va dans le salon voisin se livrer à ses pensées, qui semblent redevenir plus tristes et perdre chaque jour de cette agitation qui pendant quelque temps se montrait dans toutes ses actions.

Mais, un matin, Valentine est seule; le petit Armand s'est endormi après avoir beaucoup joué, car ce n'est pas le jour de leçon. La femme de chambre entre tout à coup annoncer à sa maîtresse qu'un monsieur demande à lui parler, et en même temps lui présente une carte sur laquelle est le nom de ce monsieur.

La comtesse jette les yeux sur la carte; elle devient tremblante, elle pâlit, car elle a lu le nom d'Édouard de Charmeuse. C'est à peine si elle a la force de balbutier:

— Oui... oui... faites entrer ce monsieur...

Celui qu'on vient d'annoncer ne se fait pas attendre: il paraît presque aussitôt à l'entrée du salon, laisse la femme de chambre se retirer, puis alors, refermant la porte avec soin, il court se précipiter aux genoux de la comtesse, en s'écriant:

— Valentine... chère Valentine... je puis donc vous revoir enfin... Ah! je fus bien coupable, je le sais... mais, de grâce, ne détournez pas vos yeux... que je puisse m'enivrer de bonheur en vous regardant... et si vous ne voulez pas me pardonner, eh bien, laissez-moi mourir à vos pieds.

Pendant qu'on lui disait cela, en s'emparant de ses mains, qu'elle avait essayé de retirer, puis enfin laissé prendre, Valentine n'avait pu que balbutier d'une voix étouffée par ses sanglots:

— Vous!... c'est vous!... Ah! je ne croyais plus vous revoir... Mon Dieu! il me semble que je vais mourir!... Ah! vous m'aviez abandonnée!...

Mais celui qui était aux pieds de la comtesse était un charmant cavalier, brun, svelte, bien tourné; sa figure était distinguée, son regard hardi et doux, comme celui du petit Armand, avec lequel il avait beaucoup de ressemblance. Il était toujours aux genoux de Valentine, qu'il contemplait avec amour; il couvrait ses mains de baisers en implorant encore son pardon, et aux yeux de la jeune femme il était facile de voir qu'il était déjà pardonné.

— Relevez-vous, de grâce, dit Valentine, je suis si émue... si troublée... Ah! dites-moi encore que c'est vous qui êtes là, Édouard, car je n'ose pas le croire... après six ans... Oh! que c'est long, ce temps-là... et combien j'ai été malheureuse!...

— Valentine, vous avez dû me maudire, et cependant je ne fus peut-être pas si coupable que vous le pensez. Quand j'ai eu le bonheur de vous rencontrer dans le monde, vous aviez seize ans, vous étiez belle comme un ange, vous en aviez la pureté!... Votre frère, qui était votre tuteur, s'occupait fort peu de veiller sur vous, ne songeant qu'à ses plaisirs, à ses conquêtes, à ses parties de jeu; il prenait fort peu de soin de sa sœur... Ah! du reste, je n'avais aucun reproche à lui adresser; moi-même, à cette époque, je ne valais guère mieux que lui, et ma conduite n'était point exempte de reproche. J'avais déjà dissipé les trois quarts de ma fortune, et ce qui me restait ne pouvait être comparé à la vôtre, car on vous disait millionnaire. Mais en vous voyant, Valentine, je sentis que pour la première fois je connaissais vraiment l'amour. Je parvins à m'introduire près de vous... une domestique était dans mes intérêts, je pouvais vous voir à l'insu de votre frère;

j'eus le bonheur de vous faire partager cet amour que vous m'aviez inspiré... et comment alors résister à la passion qui nous dévore ?... Je fus coupable, j'abusai de votre innocence, et vous, chère Valentine, vous me pardonniez encore en me disant : « Vous serez mon mari. » C'est alors que je demandai votre main à votre frère... mais vous ne sauriez croire avec quelle ironie il me reçut !... « Ah ! vous voulez épouser ma sœur, me dit-il, je le conçois ! Elle est extrêmement riche, et vous avez à peu près dissipé toute votre fortune... La dot de Valentine rétablirait vos finances !... Mais n'espérez pas que je consente à cette union. D'abord, ma sœur est encore trop jeune pour songer à se marier ; ensuite, quand je lui donnerai un époux, je le choisirai assez riche pour qu'il n'ait pas besoin de vivre aux dépens de sa femme. » Valentine, cette insulte m'alla au cœur, et si cet homme n'avait pas été votre frère, tout son sang n'aurait pas suffi pour le venger. Mais si j'avais tué Gontran, vous n'auriez pas voulu épouser le meurtrier de votre frère... Il me fallut donc dévorer cette offense, et dans le fond de mon âme je sentais aussi que le marquis n'avait pas entièrement tort ! je n'étais pas assez riche pour prétendre à votre main. Dans mon désespoir, je rentrai chez moi ; là je rassemblai tout ce qui me restait encore d'argent, et je vis avec effroi que je possédais à peine cinquante mille francs !... Jusqu'alors, j'avais mis si peu d'ordre dans mes dépenses, que je ne savais pas bien l'état de ma fortune, et j'avais les dettes que la vente de mon mobilier pouvait à peine satisfaire. Je ne vis qu'un moyen pour sortir de cette situation, pour avoir l'espoir de vous posséder... c'était le jeu, qui m'avait en grande partie ruiné ; c'était le jeu seul qui pouvait me rendre ce qu'il m'avait pris. Muni de la somme qui me restait, je me rendis dans une de ces réunions fréquentées par les riches seigneurs et où l'on jouait un jeu d'enfer. Là, je pouvais, si la chance m'était favorable, rétablir mes finances, et je me disais : « Je retournerai trouver Gontran, je lui dirai : « Donnez-moi votre sœur et gardez sa fortune ! la « mienne suffira pour nous rendre heureux. » Mais, hélas ! le sort me fut constamment contraire, je perdis tout ce qui me restait. C'est alors que je me décidai à quitter Paris et la France, puisqu'il me fallait perdre à jamais l'espoir d'être votre mari !... Je me disais : « Elle sera à un autre !, et je ne voulais pas être témoin de cette union !...

— Pauvre Édouard ! dit Valentine en tendant sa main à celui qui est à ses genoux ; c'est pour cela que vous êtes parti si vite... sans me dire adieu... sans m'écrire...

— Ah ! j'étais désespéré... votre vue m'aurait ôté tout mon courage... j'avais hâte de fuir Paris, où la misère eût été mon partage... Valentine, me trouvez-vous encore si coupable ?

— Non, non, car vous ne saviez pas... vous ne pouviez pas deviner... Mais, de grâce, achevez votre récit.

— Je me rendis en Amérique, près d'un oncle qui me reçut assez mal et me fit travailler presque comme l'un de ses esclaves. Mais je supportais tout sans me plaindre, car je sentais que je méritais cette punition que le sort m'infligeait. Au bout de quelque temps, j'appris que vous aviez épousé un certain comte de Valgrave, qui m'était inconnu. Bien que je m'attendisse à apprendre votre mariage, cette nouvelle augmenta mon désespoir. Mais, quelques mois après, une personne qui arrivait de France m'assura que vous aviez épousé un comte étranger, mais que vous étiez déjà veuve. Veuve !... libre !... cette pensée me rendait quelque espérance... Ah ! de ce moment, vous ne sauriez croire avec quelle ardeur je me livrai au travail ; mon oncle en était tout surpris... Le changement qui s'était fait en moi me fit conquérir son amitié. Que vous dirai-je ? Il vient de mourir en me laissant toute sa fortune qui est considérable !... Oh ! alors, je n'eus plus qu'une pensée : revenir en France, vous revoir... « Si elle m'aime encore, me disais-je, elle me pardonnera mes fautes passées... Elle n'a plus besoin maintenant, pour faire sa volonté, de la permission de son tuteur ! Elle sera à moi, elle sera ma femme enfin... » Et me voilà, Valentine, et je viens vous demander à la fois mon pardon et votre main.

De grosses larmes s'échappent des yeux de la comtesse.

— Votre pardon ?... dit-elle, oh ! vous l'avez déjà, mon ami, comme vous avez toujours eu mon cœur, ma pensée, mon amour...

— Chère Valentine... je vous crois : oui, ce mariage a dû vous être imposé par votre frère... Il vous aura contrainte à marcher à l'autel... il aura abusé de son autorité pour vous faire épouser quelqu'un de ses favoris... Mais le ciel a eu pitié de vous !... la mort de ce Valgrave vous a enfin rendue libre... elle nous permet d'être heureux...

Valentine pousse un long soupir et secoue tristement la tête, en balbutiant :

— Hélas ! non, mon ami, ce bonheur, qui ferait aussi le mien, nous échappe encore... je ne puis être votre femme...

— Vous ne pouvez pas être ma femme ?... et qui s'y opposerait ?... votre frère ?... mais il n'a plus de droits sur vous... Qu'est-ce donc alors ?... parlez... parlez...

La jeune femme détourne la tête et murmure enfin d'une voix tremblante :

— Je ne suis pas veuve... Le comte de Valgrave mon mari, n'est pas mort !...

— Il n'est pas mort... et vous passez pour veuve !... Votre mari existe... et il n'est pas avec vous !... Ah ! où est-il, cet homme que je hais... votre frère ?... mais je le déteste !... où est-il ? dites-le-moi, je vous en supplie, car il faut que je le trouve... que je le tue ! Oui, il me faut tout son sang... ce ne sera pas trop pour prix du bonheur qu'il m'a volé !...

Et, quittant brusquement la place qu'il occupait aux pieds de la comtesse, Édouard de Charmeuse marche à grands pas dans la chambre. Ses yeux lancent des éclairs ; il est en proie à une émotion si violente, qu'il ne voit même plus les larmes qui coulent des yeux de Valentine, qui lui dit :

— Édouard... Édouard... de grâce, calmez-vous... Écoutez-moi.

— Non, je ne veux rien entendre que vous ne m'ayez dit où se cache cet homme... ce Valgrave...

— Mais, pour vous le dire, mon ami, il me faudrait d'abord le savoir... Ce mari que mon frère m'a forcée de prendre, je ne le connais pas... je ne l'ai jamais vu... il ne m'a jamais parlé...

— Tout ce que vous me dites, Valentine, est tellement inconcevable, que je crois être le jouet d'une erreur... Vous ne connaissez pas l'homme auquel on vous a mariée ?

— Si vous aviez voulu m'entendre, Édouard, vous sauriez déjà comment ce mariage s'est fait et pourquoi j'ai été forcée d'y consentir...

— Ah ! pardon... mais la nouvelle de l'existence de votre mari m'a tellement bouleversé... Parlez... je vous écoute... Ah ! ne me cachez rien !

— Quand vous avez quitté la France... sans même me dire adieu... vous ne saviez pas... vous-même j'ignorais encore que je portais dans mon sein un gage de votre amour...

— Il se pourrait !... Quoi ! chère Valentine... vous auriez...

— Par pitié, mon ami, laissez-moi continuer... Lorsque je ne pus plus douter de ma position, ne sachant ni feindre, ni mentir, j'allai trouver mon frère ; je me jetai à ses genoux, et je lui avouai ma faute... Je ne lui cachai pas que c'était vous que j'aimais, et je le suppliai de prendre pitié de moi. Gontran m'écouta d'un air sombre, sévère. Il parut réfléchir longtemps, puis il me dit : « Votre état peut encore se cacher pendant plus d'un mois, et avant ce temps-là, je vous aurai mariée avec quelqu'un qui consentira à reconnaître votre enfant pour le sien. — Mon Dieu ! m'écriai-je, mais ce quelqu'un ne peut être qu'Édouard de Charmeuse, mon enfant est le sien, je ne puis épouser que lui, je ne veux être qu'à lui !... — M. de Charmeuse ne sera jamais votre mari, s'écria mon frère en me lançant un regard terrible... Sa conduite est indigne ; il a cru ne plus devoir vous accorder votre main, mais il sera trompé dans son espoir. Ce n'est pas lui qui sera votre mari. Retournez dans votre appartement, avant huit jours vous saurez ce que j'ai décidé. » Je rentrai chez moi mourante, désolée, mais bien résolue cependant à ne point vous être infidèle et à vous conserver tout mon amour...

Ici Édouard prend la main de Valentine qu'il couvre de baisers puis presse tendrement sur son cœur. La jeune femme le regarde un moment, heureuse de revoir ces traits qui sont aussi ceux de son fils. Puis elle reprend son récit :

— Huit jours ne s'étaient pas écoulés, lorsque Gontran vint me trouver, s'assura que nous étions bien seuls, que personne ne pouvait nous entendre, et me tint ce discours : « J'ai trouvé l'homme qu'il me fallait pour vous servir de mari... c'est un gentilhomme... un comte ruiné... oh ! entièrement ruiné !... Moyennant une forte somme que je lui compterai, il consent à tout ce que je veux, et voici ce que j'ai résolu : Il y a une chapelle dans cette propriété ; la nuit prochaine, à minuit, un prêtre sera prévenu et s'y trouvera. Le comte de Valgrave... c'est le nom de votre futur époux... s'y trouvera aussi. Je vous y conduirai. Vous serez voilée... il est inutile que votre mari voie vos traits. Aussitôt la cérémonie terminée, vous rentrez chez vous, et le comte partira pour ne plus revenir... Ainsi, vous l'entendez, il ne cherchera ni à vous parler, ni à vous revoir... C'est son nom qu'il me vend, c'est convenu, et je vous le répète, jamais vous n'entendrez plus parler de lui. Le lendemain de votre mariage, je vous emmène, nous voyageons à l'étranger; nous sommes près d'une année sans reparaître, et lorsque nous revenons à Paris, où j'ai eu soin d'avance de faire savoir votre union avec un comte autrichien, vous êtes mère et déjà veuve : votre mari a péri par suite d'une chute de cheval six semaines après vous avoir épousée. Vous avez compris, Valentine, je compte sur votre obéissance ! — Non, m'écriai-je en levant vers mon frère des mains suppliantes, non, je ne consens pas à cette union .. je ne veux être qu'à celui qui a tout mon amour ! — Vous n'avez donc pas compris, reprit Gontran, que par le fait vous ne serez point à un autre. Vous n'aurez de votre mari que le nom... lui-même ne saura pas le vôtre... J'aurai soin que le prêtre le prononce assez bas pour qu'il ne puisse l'entendre. Je vous fais veuve presque aussitôt que mariée ; je sauve ainsi l'honneur de notre nom, et vous pourrez, tout à votre aise, jouir des caresses de votre enfant. Maintenant, si vous refusiez de m'obéir, j'en fais le serment, et vous savez que je tiens ceux que je fais ? à peine votre enfant verra-t-il le jour, que je m'en empare, et c'est en vain que vous demanderez à le voir : jamais il ne vous sera rendu ! » Ah ! mon ami, cette menace suffisait pour que je m'opposasse plus de résistance. Je ne vous avais plus, mais je vivais d'avance dans mon enfant... c'était tout ce qui pouvait encore m'attacher à la vie... Me l'enlever !... Je serais morte en l'appelant. Je fis tout ce que voulut mon frère. Un voile épais couvrait mon visage lorsqu'on me conduisit à l'autel ; on ne put voir mes traits, et de mon côté je vous jure que je ne cherchai nullement à voir cet homme qui me vendait son nom. Vous voyez que j'avais raison de vous dire : « Je ne le connais pas, je ne lui ai jamais parlé, j'ignore où il est, » et sans cette alliance qu'il a passée à mon doigt et qu'il me faut porter sans cesse, je pourrais oublier que je suis mariée.

Édouard baise plusieurs fois avec transport la main de Valentine, puis il regarde l'alliance fort simple qui est à son doigt et lui dit :

— Qu'y a-t-il là-dedans ?

— La date du jour où s'est fait le mariage, puis le nom de Valgrave et le mien. Regardez...

La jeune femme ôte l'alliance qui est à son doigt, et la donne à M. de Charmeuse, qui l'ouvre, lit en dedans ce qui est gravé et referme l'anneau après l'avoir examiné attentivement, en murmurant :

— Ainsi, c'est tout ce que vous avez de cet homme ?

— Oui, mon ami, c'est tout... et ce simple anneau suffit pour élever une barrière entre nous !

— C'est singulier : en l'examinant de près, on croirait qu'on a voulu le briser... Voyez donc ces deux raies... presque deux entailles, qu'on lui a faites en travers.

— Je les ai déjà remarquées, mais c'est ainsi que je l'ai reçu.

— Et maintenant, chère Valentine, j'ose à peine vous interroger... Cet enfant... ce gage de notre amour ?...

— Il existe... c'est un garçon... il a tous vos traits.

— Ah ! de grâce... ne pourrai-je le voir... le presser sur mon cœur ?...

Valentine se lève en disant à Édouard :

— Venez !...

Une espèce de boudoir, tout tendu en soie et en velours, et qui touchait à la chambre à coucher de la comtesse, était la pièce occupée par le petit Armand. L'enfant reposait tout habillé sur son lit. La fraîcheur de son teint, le doux sourire qui, même pendant son sommeil, donnait de la vie à son charmant visage, en faisaient un ange que l'on ne pouvait se lasser de contempler. Édouard pousse un cri de joie en apercevant l'enfant, tandis que Valentine lui dit :

— N'est-ce pas qu'il est bien, mon fils ?...

— Cher enfant !... par grâce, laissez-moi l'embrasser.

Et, sans attendre qu'on le lui permette, Édouard se penche vers le petit garçon, qu'il couvre de baisers, ce qui naturellement éveille Armand, qui ouvre ses grands yeux, regarde avec étonnement autour de lui et s'écrie :

— Tiens ! qui donc m'embrasse si fort ? Ce n'est pas maman... et ce n'est pas non plus mon ami Ludger !

— Quel est ce Ludger qu'il appelle son ami ? demanda Charmeuse, dont les traits s'assombrissent déjà.

— C'est son professeur, celui qui se charge de commencer à l'instruire, un homme bon, patient avec les enfants ses élèves, qu'il aime et dont il sait se faire aimer par sa douceur, par sa manière d'agir avec eux. Il y a un mois à peine que cet homme vient ici, et mon fils se plaît beaucoup avec lui.

— Et j'apprends bien, et je connais déjà mes lettres ! s'écrie le petit garçon. Et mon ami Ludger m'a dit que je lui ferai honneur, et Arthur Monvert ne dira plus que je suis un âne... et c'est moi qui me moquerai de lui !...

Le sourire est revenu sur les lèvres d'Édouard, qui embrasse de nouveau l'enfant en lui disant :

— Et moi est-ce que vous ne voudrez pas que je sois aussi votre ami... est-ce que vous ne me donnerez pas un peu de cette amitié que vous accordez à votre professeur ?

— Vous .. je ne vous connais pas .. Maman, qui est donc ce monsieur-là ? je ne l'ai pas encore vu ici .. et il m'embrasse presque aussi fort que toi !

Valentine rougit en balbutiant :

— Monsieur est une ancienne connaissance... il a voyagé longtemps ; c'est pourquoi tu ne pouvais pas venir nous voir... Maintenant, je l'espère, il ne nous négligera plus autant ; et il faut l'aimer, Armand, il t'aimera bien, lui... oui, je vois dans ses yeux qu'il t'aimera... comme on aime son fils !...

— Ah ! alors, j'aurai deux amis... lui et mon professeur...

— Et maintenant, tu veux bien l'embrasser ; n'est-ce pas Armand ?

— Oui, maman... Monsieur mon ami .. je veux bien t'embrasser.

L'enfant ouvre ses petits bras à Édouard, qui le prend et le presse longtemps sur son cœur, puis il dit à Valentine :

— Ah ! je vous remercie... vous me rendez bien heureux, madame.

— Tu aimes donc aussi les enfants, toi ? demande Armand.

— Oui, je les aime... quand ils vous ressemblent... Je goûte en ce moment un bonheur qui m'était inconnu.

Mais, après avoir laissé Armand libre de courir et de jouer, M. de Charmeuse pousse un profond soupir en murmurant à l'oreille de Valentine :

— Pourquoi faut-il qu'un homme mette encore un obstacle à notre entière félicité ! et cet homme, on ne le connaît pas ! c'est un étranger qui se cache, qui disparaît... Mais il est mort peut-être ?

— Non, mon frère sait qu'il existe toujours.

— Eh bien, je le verrai, votre frère... je lui parlerai... Ah ! je voudrais déjà qu'il fût de retour, car il faudra bien qu'il me dise où se cache ce Valgrave... il faudra que je le trouve, cet homme qui est votre époux et qui est assez vil, assez lâche pour ne point se montrer.

— Mon Dieu ! Édouard, vous me faites trembler. Voudriez-vous donc que cet homme vînt ici ?

— Non, mais je veux... Tenez, Valentine, il y a là-dedans un mystère dont Gontran doit avoir la clef, et que je le forcerai bien à me découvrir.

IX

MARIAGE DE LÉONIE

Depuis que Ludger donnait des leçons au fils de la comtesse de Valgrave, il avait été remercier Angèle de lui avoir procuré ce nouvel élève, qui lui donnait bien peu d'occupation et lui était payé fort cher, bien que lui n'eût demandé qu'une rétribution modeste ; mais Valentine, heureuse de trouver pour son fils un homme doux, complaisant et qui savait s'en faire aimer, avait exigé qu'il reçût les émoluments qu'elle-même avait fixés.

Angèle avait reçu avec froideur les remercîments du professeur ; leur dernier tête-à-tête semblait avoir mis fin à cette douce intimité qui auparavant existait entre eux. Toujours triste et silencieuse, la charmante fille ne cherchait plus à causer avec Ludger ; elle semblait au contraire en éviter avec soin les occasions, et si, quelquefois obligée de lui répondre, elle se laissait aller à lui parler avec la même familiarité, la même amabilité qu'autrefois, bientôt elle s'arrêtait, reprenait son air froid, composé, et l'expression de son visage redevenait sévère.

Ludger remarquait tout cela, il en devinait la cause, et présumant que sa présence était maintenant désagréable à Angelle, il ne venait plus que rarement chez M. Picardin. Mais ce qu'il avait remarqué aussi, ce qui frappait tous les yeux, c'était le changement qui s'opérait chez cette jeune et belle fille, si fraîche, si rose, si pleine de vivacité, de santé quelque temps auparavant, et qui maintenant, pâle, triste, amaigrie, ne semblait plus être que l'ombre d'elle-même.

Léonie éprouvait un vif chagrin de voir l'état de tristesse, de dépérissement de sa sœur. Un matin elle lui dit :

— Tu veux donc passer ta vie à te faire de la peine... à souffrir !

— Je ne souffre pas, ma sœur.

— Oh ! ne me dis pas cela... tu me prends donc pour une imbécile... Tu changes, tu maigris, tu pâlis... c'est bien visible... et il n'y a pas d'effet sans cause.

— Ce n'est pas ma faute si ma santé n'est plus aussi bonne.

— Oh ! ta santé ne dépérit que par suite de ton chagrin ! Quand le cœur est malade, il faut bien que tout le reste s'en ressente, puisque c'est lui qui marque notre existence. Voyons, Angelle, il ne s'agit pas de feindre, de dissimuler entre nous... Il t'a donc dit qu'il ne t'aimait plus ?

— Il m'a dit qu'il ne serait jamais mon mari...

— C'est la même chose, car s'il t'aimait toujours, à présent qu'on veut bien qu'il t'épouse, il s'empresserait de te prendre pour femme... O ces monstres d'hommes !... Mais qui aurait cru cela de Ludger ?... avec un air si bon, si doux, si timide même !... Se faire adorer d'une jeune fille, et puis n'en plus vouloir quand on sait qu'elle vous aime. Mais enfin, s'il ne t'aime plus, pourquoi soupirer quand il est près de toi, pourquoi te faire des yeux blancs... et regarder le plafond ? C'est donc une comédie qu'il joue ?... Je lui en demanderai la raison, moi.

— Oh ! non, Léonie, non, il ne faut rien lui demander.

— Mais toi, il ne faut plus l'aimer, ce monsieur qui te dédaigne. Voyons, ma sœur, tu ne peux donc pas cesser de penser à lui ?

— Non... je ne peux pas !

— Que c'est drôle qu'il y ait comme ça des hommes que l'on aime malgré soi et à qui l'on pense toujours en voulant les oublier ! Alors tu ne te marieras donc jamais ?

— Non, Léonie, jamais !... Mais cela ne doit pas t'empêcher de te marier, toi, et cela me fera bien plaisir de te voir heureuse !

— Il est certain que si j'attends toujours après toi, qui ne te maries jamais, ça me mènera un peu loin. M. Bourlet me faisait la cour de dépit d'être rebuté par toi ; mais depuis que lui ai dit qu'il avait une perruque, oh ! c'est fini, il ne me regarde plus. Je n'aurais jamais voulu de cet homme-là pour mari, il est méchant, sournois... Moi, je veux un mari bon enfant, et qui fasse toutes mes volontés !

— Et Jolichose ?

— Ah ! ce petit Cloud de Jolichose... il est bien bête... il est vrai que chez un mari on assure que c'est une qualité... Mais, il est bien jeune et n'a pas encore une position.

— Il l'aura, j'en suis sûre.

— O ma sœur, est-ce qu'on peut être sûre de quelque chose avec ces messieurs !... Tu vois bien toi-même que ceux qui ont l'air le plus sage, le plus sincère sont aussi trompeurs que les autres.

Le lendemain de cette conversation, dans le milieu de la journée, Jolichose accourait chez les deux sœurs, tout essoufflé, tout transporté, en s'écriant :

— Mademoiselle !... je l'ai... il est à moi... c'est fini !... Papa me l'a cédé... ouf !... Je suis si content que j'en ai perdu la respiration !... Mademoiselle Léonie... entendez-vous ? je l'ai.

— Si c'est l'air aussi bête qu'à l'ordinaire, oui, je vous assure que vous l'avez toujours...

— Oh ! il s'agit bien de bêtise... c'est du sérieux cette fois... vous ne comprenez pas que j'en suis possesseur ?

— Mais de quoi, enfin, de quoi ? Voilà une heure que vous nous dites que vous l'avez, sans nous expliquer ce que c'est.

— Comment ! je ne vous l'ai pas dit ?... C'est la joie... Ça me bouleverse... j'aurais bien gagé que je vous l'avais dit !... Vous dites que je ne vous l'ai pas dit ?

— Est-il impatientant, cet être-là ! Monsieur Jolichose, vous me portez sur les nerfs !

— Mademoiselle, j'aimerais mieux vous porter dans mes bras.

— Parlerez-vous enfin ?...

— Mademoiselle... m'y voilà... j'ai le fonds de papa... voilà le grand mot lâché !...

— Vous avez le fonds de monsieur votre père ?

— Oui, et un fameux fonds de confection, je puis le dire... qui va très-fort, confection d'enfants... Je vais confectionner des enfants pour mon compte... C'est gentil à vingt-deux ans !...

— Et par quel hasard votre père vous cède-t-il déjà son fonds... lui, qui vous trouvait trop jeune... trop étourdi ?... Qui a pu le déterminer à agir ainsi ?

— Mademoiselle, c'est une salade de homard qui en est cause.

— Une salade de homard ?

— Oui, mademoiselle, une mayonnaise de homard.

— Comprends-tu quelque chose à ce qu'il dit, Angelle ?

— Mademoiselle, vous allez comprendre : il y a huit jours mon père a mangé de cette mayonnaise... il l'aime passionnément il en a mangé beaucoup, il paraîtrait même qu'il en a mangé trop. Le homard est très-lourd. Bref, il a eu une indigestion ; depuis ce temps, il est toujours indisposé... il ne peut plus manger... ça ne passe pas... ou ça passe mal, si bien que le médecin lui a dit : « Vous avez une gastrite. Si vous ne vous soignez pas, vous êtes flambé ; il faut cesser tout travail, cela fatigue Prenez du repos et du lait, c'est le seul moyen de vous guérir. » Vous sentez bien que cela a fait réfléchir mon père. Il aime l'argent, mais, avant tout, il tient à la vie... et surtout à une vie dans laquelle on puisse manger. Voilà pourquoi il se retire des affaires et me cède son magasin de confection. Est-ce heureux, je suis Certainement je suis fâché que mon père soit malade, mais c'est égal, je suis bien content qu'il ait trop mangé de homard.

— Allons, monsieur Jolichose, c'est très-bien, je comprends maintenant votre joie. Et c'est là tout ce que vous aviez à me dire ?

— Oh, non, mademoiselle, ça n'est pas tout, car en me cédant son fonds, papa m'a dit : « Il faut que tu te maries tout de suite, parce qu'il te faut une femme à la tête de la maison... c'est indispensable. Tâche d'en trouver une qui aime le commerce et qui ait une jolie dot comptant. Tu mettras l'argent dans ton commerce, ta femme dans ton comptoir, et ça pourra marcher. » Il a même ajouté : « Tu es en position de trouver des demoiselles en quantité... tu dois trouver des dots de trente mille francs et même au-dessus ; dépêche-toi de faire ton choix, ta demande, et marie-toi bien vite. » Alors, mademoiselle, voilà pourquoi je suis venu toujours courant.

Ici, Jolichose s'arrête, rougit, soupire et baisse les yeux. Léonie sourit, le regarde avec malice et s'écrie :

— Eh bien, après ?

— Comment ! après ? Est-ce que vous ne comprenez pas, mademoiselle ? Je viens vous demander en mariage.

— Mais, moi, Jolichose, vous savez bien que je n'ai pas en dot trente mille francs et au-dessus !... J'en ai quinze mille, pas davantage.

— Oui, mademoiselle, je le sais, vous avez quinze mille francs argent, mais ensuite, vous en valez bien quinze mille par vous-même, ça fait trente mille.

Léonie regarde sa sœur en murmurant :

— C'est gentil de dire ça tout de là, n'est-ce pas, Angelle ? il a des moments où l'amour lui donne presque de l'esprit.

— Oh ! oui, mademoiselle, oui, quand je pense à vous, je suis rempli d'idées spirituelles, et quand je serai votre mari, vous verrez que j'en serai farci.

— Prenez garde, Jolichose, vous allez tout de suite vous faire du tort ; mais si je voulais bien devenir votre femme, qui vous dit que votre père consentirait que vous prissiez pour sa bru une personne qui n'a que quinze mille francs de dot ?

— Il faudra bien qu'il consente. D'abord, je lui dirai que je n'en ai pas trouvé d'autres.

— Et s'il en trouvait une autre, lui ?

— C'est différent. Je lui dirai alors que je n'en veux pas d'autre que vous.

— Écoutez, monsieur Jolichose, dit Angelle, il y aura un moyen bien simple de contenter monsieur votre père et de lever toutes les difficultés : mon père veut me donner à moi quinze mille francs comme à ma sœur, et il nous a dit déjà plusieurs fois que nos dots étaient toutes prêtes. Eh bien, comme moi, je ne veux jamais me marier, je le prierai de donner sur-le-champ à Léonie, outre sa dot, celle qu'il me destinait; comme cela vous aurez vos trente mille francs.

— Par exemple! s'écrie Léonie, te prendre ta dot! je voudrais bien voir cela! Monsieur Jolichose, si vous acceptiez ce que ma sœur propose, je vous déclare que je ne serais jamais votre femme, que je ne vous reverrais de ma vie!

— Mais, mademoiselle, je ne l'accepte pas... Ce n'est pas moi qui ai eu cette idée-là... Dépouiller votre sœur... fi donc!... Elle dit aujourd'hui qu'elle ne se mariera jamais... mais est-ce que l'on peut savoir ce que l'on fera plus tard?... D'ailleurs, mademoiselle Léonie, je vous répète que je vous veux telle que vous êtes, que je me fiche de votre dot, de vos quinze mille francs, et vous n'auriez que quinze sous que je vous épouserais tout de même... Oui, mademoiselle, vous et quinze sous, ça suffit à mon bonheur.

Léonie tend sa main au jeune homme :

— A la bonne heure, c'est bien ce que vous dites-là... Tenez, Jolichose, voilà ma main... je veux bien être votre femme, et je suis sûre d'avance que mon père approuvera mon choix.

Jolichose prend la main qu'on lui tend, mais au lieu de la baiser, il essuie ses yeux avec, parce que l'excès de la joie le fait pleurer. Puis, il saute dans la chambre, renverse plusieurs chaises, et manque encore de marcher sur le chat, tout en criant :

— Me voilà marié! et j'ai le fonds de papa, une femme et une confection d'enfants... Suis-je heureux!...

Léonie est obligée de le faire se tenir tranquille, en lui disant :

— Taisez-vous donc, Jolichose! parce que nous allons nous marier, ce n'est pas une raison pour briser tous les meubles ici et écraser mon chat.

— Mademoiselle, c'est la joie, c'est le ravissement. Faudra-t-il que je vous demande à votre papa?

— Mais assurément, et il serait même beaucoup plus convenable que monsieur votre père vînt avec vous faire la demande de ma main.

— Mademoiselle, il viendra dès ce soir, s'il peut s'absenter de son cabinet d'aisance, parce que, depuis qu'il a sa gastrite, il y passe presque tout son temps ; mais s'il ne vient pas ce soir, ce sera demain... Oh! quel plaisir... mamzelle Léonie! nous ferons une noce, n'est-ce pas, et nous danserons?

— Je l'espère bien ; ne pas danser le jour de ses noces, cela porterait malheur!

— En ce cas, mamzelle, nous ne ferons que ça... Ah! vous pouvez d'avance faire la liste des personnes que vous voulez inviter pour ce beau jour-là... Vous n'inviterez pas M. Bourlet, n'est-ce pas?... il ne me plaît pas du tout, celui-là ; et puis il demanderait peut-être à mon père pourquoi les homards deviennent rouges quand ils sont cuits, et vous concevez, papa qui a maintenant les homards en aversion, pourrait prendre ça pour une personnalité.

— Soyez tranquille, je n'aurais jamais eu envie d'inviter M. Bourlet.

— Mais par exemple, le professeur, maître Ficheclaque, ah! celui-là, je l'aime bien ; il ne se moque jamais de moi; vous l'inviterez, n'est-ce pas?

— Oui, nous verrons... non... il me semble que ce n'est pas la peine... n'est-ce pas Angelle, tu aimes mieux que M. Ludger ne vienne pas?

— Moi, je n'ai pas dit cela... Mais au contraire, il faut l'inviter.

— Ah! que tu es singulière!.. Alors, c'est toi qui t'en chargeras... Au reste, nous avons encore le temps!

— Oh! non, mamzelle Léonie, je suis pressé, moi, je voudrais me marier tout de suite... Je tâcherai d'amener papa ce soir, pendant un intermède, nous fixerons le jour. Au revoir, ma future, ma fiancée!... Je retourne au magasin... Voulez-vous me permettre de vous embrasser, n'importe z'où ?

— Par exemple!... mais nulle part... Quand vous serez mon mari, à la bonne heure, et encore il faudra que je sois contente de vous... Vous entendez, je vous préviens que je veux être la maîtresse d'abord !

— Vous serez la maîtresse, vous serez le maître, vous serez tout dans la maison; moi, je ferai le ménage, je ferai ce que vous voudrez.

— Nous aurons une bonne, monsieur ; moi, je tiendrai la caisse, le comptoir, et vous, vous aurez affaire au public... En attendant, retournez parler à votre père et amenez-le ce soir.

— Oui, mamzelle, s'il ne peut pas venir, je le porterai!

Et Jolichose s'en va en courant, en sautant et en bouleversant les chaises sur son chemin.

Léonie va embrasser sa sœur en lui disant :

— Trouves-tu que j'aie bien fait de l'accepter pour mari?

— Oui, car c'est un bon garçon, et il a l'air de t'aimer de tout son âme.

— Et cela ne te fâche pas que je me marie avant toi?

— Me fâcher?... ah! j'en suis bien contente, au contraire, ca je me regardais toujours comme un obstacle à ton bonheur. D'ailleurs je te l'ai dit, je te le répète, je ne me marierai jamais...

— Ma bonne amie, Jolichose a eu raison de dire que l'on ne pouvait savoir ce que l'on ferait plus tard. Et tu veux qu'il vienne à ma noce, cet homme qui cause ta peine... pour qui tu te condamnes au célibat!... Je ne le conçois pas... Est-ce comme cela que tu l'oublieras?...

— Ah! Léonie, je ne l'oublierai d'aucune façon... et j'aime encore mieux souffrir et le voir.

— N'en parlons plus. Je vais reporter mes fleurs et m'occuper déjà des emplettes pour ma noce... car j'ai besoin de mille choses... Ma noce! ah! que c'est drôle!... je ne puis pas encore me faire à l'idée que c'est moi qui serai la mariée.

Léonie est sortie. Lorsqu'elle est seule, Angelle laisse couler ses larmes, qu'elle a comprimées longtemps, mais que maintenant elle ne cherche plus à retenir. Elle n'est pas jalouse de l'union de sa sœur, elle en est satisfaite au contraire ; mais elle ne peut s'empêcher de se dire que jamais elle ne goûtera le même bonheur.

Tout à coup la porte s'ouvre, car en sortant Léonie avait laissé la clef en dehors, et Ludger paraît devant Angelle, qui n'a pas eu le temps de cacher ses larmes. Le professeur demeure immobile devant le tableau de la douleur de cette jeune fille. Il n'ose avancer, et balbutie :

— Pardon, excusez-moi, mademoiselle... je n'aurais pas dû entrer ainsi... c'est M. Jolichose que je viens de rencontrer, et qui m'a dit : « Allez donc chez M. Picardin, mademoiselle Angelle a quelque chose à vous dire... » Mais si j'avais su!... mon Dieu... vous pleurez?...

— Oh! cela ne vous empêche pas d'entrer, monsieur. Oui... je pleure... et devant vous je n'ai aucune raison pour cacher mes larmes...

— Angelle!... Angelle!... pourquoi pleurez-vous? s'écrie Ludger qui ne peut plus résister à ce qu'il éprouve, et court se précipiter aux genoux de la jeune fille.

— Pourquoi je pleure! il me le demande... lui, l'auteur de tous mes chagrins... lui, par qui je suis si malheureuse!... mais vous ne voyez donc pas que la souffrance me mine... qu'elle me tue!... Oui, je suis assez lâche, assez folle pour vous aimer encore... pour vous le dire quand je devrais vous fuir, vous détester!... Mais, grâce au ciel, cette souffrance m'entraînera bientôt dans la tombe... alors vous ne me verrez plus pleurer...

— Angelle!... par grâce... par pitié... vous me désespérez... Ah! si vous cessiez de vivre, que ferais-je encore dans le monde, moi, qui ne pense qu'à vous... moi, qui vous adore!...

— Il ose encore me dire qu'il m'aime, quand il ne veut pas de moi pour sa femme !

— Oui, je vous aime... Ah! je n'ai jamais aimé que vous !...

— Écoutez, Ludger, si vous voulez que je vous croie, il faut me dire pourquoi vous ne voulez pas être mon mari, il faut m'apprendre quel est cet obstacle qui s'élève entre nous... Alors... eh bien alors, je verrai si je peux vous croire... Alors il me semble que je serai moins malheureuse.

— Vous le voulez, Angelle, vous voulez connaître ce secret terrible?... Ah! vous allez me mépriser... me trouver bien coupable.

— Non, non, mais parlez... Ah! dites-moi tout... je le veux.

— J'avais juré de garder le silence, mais il m'est impossible de résister à vos prières... Vous allez tout savoir!

X

L'AVENTURE DU PROFESSEUR.

Vous n'avez pas oublié cette époque où je vous appelais ma petite femme, où je venais passer presque tout mon temps près de vous. Ce temps, hélas! j'aurais voulu l'employer aussi à don-

La cérémonie commença sur le champ. (P. 26.)

ner des leçons, à gagner de l'argent! car, après la mort de mes parents, je m'étais trouvé dans une profonde détresse, et c'est à peine si j'avais un pauvre élève avec lequel je gagnais de quoi ne pas mourir de faim. J'étais si pauvrement vêtu que, lorsque je me présentais dans une maison où l'on m'avait dit que l'on cherchait un professeur, on me regardait d'un air de pitié et l'on me renvoyait en refusant de m'employer... Pour achever de me désespérer, monsieur votre père me dit un jour : « Ficheclaque, vous êtes amoureux de ma petite Angelle, elle s'habitue à vous appeler son futur mari; je ne veux plus de cela. Vous n'épouserez point ma fille, car vous ne gagnez pas seulement de quoi vous acheter un autre paletot, et le vôtre est plus que râpé. Vous êtes savant, c'est possible, mais vous ne savez pas tirer parti de votre science. Il ne faut plus venir nous voir si souvent, mon garçon. Je suis fâché de vous dire cela, mais vous avez trop l'air d'un mendiant. » Vous rappelez-vous tout cela, mademoiselle?

— Oui... oh! oui... car vous pleuriez en me disant adieu... Et moi, je vous disais: « Revenez toujours... » je vous trouve assez bien mis!...

Je m'éloignai désespéré, et j'allai, comme c'était assez mon habitude, promener mes rêveries du côté de Bougival. Je montais jusque dans le bois de Louveciennes; là, je rencontrais peu de monde, et je pouvais m'abandonner à mes réflexions qui étaient fort tristes; car si l'on peut à dix huit ou vingt ans rire de sa misère et braver l'adversité, il en est de même lorsque, arrivé à l'âge de trente ans, on n'a pas encore pu se faire une position. Et j'en étais venu là, je maudissais le grec et le latin, je maudissais la science qui ne me donnait pas de quoi vivre et je regrettais de ne point avoir appris à ressemeler des souliers... Ah! j'étais bien malheureux! Pardonnez-moi de m'étendre sur ces détails... mais ils serviront peut-être à me faire pardonner ce que je fis ensuite...

Un jour... c'était six semaines après que votre père m'avait à peu près mis à la porte. Je n'avais plus que deux sous dans ma poche et rien à espérer pour le lendemain. J'étais assis dans un endroit solitaire de la campagne... et je versais des larmes... car je pensais qu'on ne me voyait pas!... Tout à coup, un homme, mis fort proprement, mais dont la tournure était assez commune, s'arrête devant moi et me dit:

« Monsieur, vous n'êtes pas heureux... vous êtes professeur de langues, je le sais, mais vous n'avez pas d'élèves, votre mise pauvre vous empêche d'en trouver... Voilà plusieurs fois que je vous vois ici... Je me suis informé, vous êtes d'origine allemande... vous vous nommez Ficheclaque et vous êtes un très-honnête garçon... ce qui ne vous empêche pas de mourir de faim. »

Je regardai cet homme avec étonnement, en répondant:

« Tout ce que vous venez de dire est exactement vrai, monsieur, mais où voulez-vous en venir? »

L'inconnu s'assura que nous étions bien seuls et reprit:

« Je viens vous offrir de sortir de votre triste position: vous recevrez trente mille francs comptant, cette nuit même, si vous consentez à ce qu'on exigera de vous. »

Trente mille francs!... concevez-vous, Angelle, quel effet peut produire cette offre faite à un homme dénué de tout et prêt à mourir de faim? Cependant ma première pensée fut qu'il s'agissait de commettre une action criminelle, et je répondis:

« Monsieur, vous savez que je suis un honnête homme et, s'il s'agit de commettre une action coupable, je refuse de gagner ainsi la somme que vous me proposez.

« On ne vous propose aucune action coupable! reprit l'inconnu; bien loin de là : il s'agit de conserver l'honneur à une famille noble... estimable... d'empêcher une jeune fille de se livrer à un vil séducteur... enfin, il s'agit de l'épouser... »

— O mon Dieu! s'écrie Angelle! vous marier?... il serait possible!...

— De grâce, permettez-moi d'achever mon récit.

« Comment, dis-je à cet homme, vous voulez que je me marie à une personne que je ne connais pas... que je n'ai jamais vue?...

« Et que vous ne verrez et ne connaîtrez jamais... de son côté, votre femme ne vous connaîtra pas davantage. Écoutez, voilà comment les choses se passeront : ce soir, à onze heures et demie, je viens vous prendre ici avec une voiture. Vous aurez la complaisance de vous laisser mettre un bandeau sur les yeux; car il ne

Ludger examine cette main, qui porte à l'annulaire gauche... (P. 28.)

faut pas que vous sachiez où vous allez. Nous arrivons chez mon maître, je vous conduis à la chapelle qui sera préparée, et le prêtre sera là pour célébrer votre union. Votre future arrivera couverte d'un grand voile qui ne vous permettra pas de voir ses traits. Vous ne lui parlerez pas... vous ne chercherez pas à la connaître. De son côté, je vous réponds qu'elle en fera autant, et le prêtre parlera assez bas pour que vous n'entendiez pas les noms qu'il prononcera. La cérémonie achevée, on emmène la mariée. Mon maître, qui sera masqué, vous remet les trente mille francs qui vous sont dus, en vous faisant jurer de ne jamais parler de cette aventure. Puis, je vous remets le bandeau sur les yeux, vous remontez en voiture et on vous ramène où l'on vous a pris. Voilà tout ce que l'on exige de vous. Vous serez marié, c'est vrai, mais jamais vous n'entendrez plus parler de votre femme ; et, grâce à la somme importante que vous aurez reçue, votre sort changera, car vous pourrez vous donner de beaux habits, faire sonner de l'or dans vos poches, et avec cela dans le monde on est toujours certain de parvenir. »

— Maintenant, mademoiselle, veuillez vous rappeler quelle était ma position : sans argent, sans ressource... vêtu presque comme un mendiant... n'osant me présenter nulle part... on m'offrait une somme qui me donnait les moyens de reparaître dans le monde... je ne songeai pas que j'engageais ma liberté... Me trouvez-vous si coupable d'avoir accepté ?...

— Non, dit Angelle en tendant sa main à Ludger, non... et je vous pardonne, car cette femme vous ne la connaissez pas... cette femme vous ne l'aimez pas... Ah ! tenez... je suis déjà moins malheureuse depuis que je sais que vous n'en aimez pas d'autre, et que je puis croire que vous m'aimez toujours ! mais continuez, mon ami... achevez votre récit... Ah ! vous comprenez combien il m'intéresse.

Après avoir couvert de baisers et pressé sur son cœur la main qu'Angelle lui abandonne, Ludger reprend :

— Aussitôt que j'eus annoncé que j'acceptais ce que l'on me proposait, mon homme me remit cinq cents francs en or en me disant :

« Prenez cela d'avance et achetez-vous d'autres vêtements : il ne faut pas que vous paraissiez à la chapelle vêtu comme vous l'êtes en ce moment. Ce soir, soyez à onze heures et demie ici ; je viendrai vous prendre avec la voiture.

Puis cet homme disparut. Il me sembla un moment être le jouet d'un songe, mais la bourse pleine d'or qui était dans ma main me prouvait que je ne rêvais pas. Je revins à Paris, où je changeai complétement de toilette ; puis le soir j'étais exact au rendez-vous. L'individu que j'avais vu le matin ne se fit pas attendre ; il parut très-satisfait en me voyant sous mon nouveau costume, et s'écria : « On a beau dire que l'habit ne fait pas l'homme... vous n'êtes plus reconnaissable. » Il me fit monter en voiture et me mit un bandeau sur les yeux. Le carrosse roula quelque temps. Je crus remarquer que nous revenions quelquefois sur nos pas, mais qu'en réalité nous ne faisions pas beaucoup de chemin. Au bout de vingt minutes la voiture entra dans une cour... ce que je présumai du moins par le bruit des roues sur le pavé, puis elle s'arrêta. On me fit descendre, monter six marches, traverser un vestibule... du moins je le jugeai ainsi, puis redescendre un perron... et marcher dans un jardin. Là on m'ôta mon bandeau ; nous étions devant l'entrée d'une chapelle, située sans doute au fond d'un jardin ; à la porte de cette chapelle, je remarquai une statue représentant une femme en prière, mais à laquelle il manquait une main. Vous me demanderez peut-être comment je pus voir tout cela puisqu'il était nuit, mais un valet marchait devant nous en portant une torche, et ce valet s'était justement arrêté contre la statue.

Avant d'entrer dans la chapelle, mon conducteur me remit un anneau, en me disant :

« Voici ce que vous passerez au doigt de votre femme. Ne cherchez point à ouvrir cette alliance... Vous ne devez pas voir ce qui est écrit dedans. »

Je pris l'anneau que je mis à mon doigt en promettant de ne point l'ouvrir. Mais, malgré moi, je ne pus me défendre alors d'un sentiment de curiosité, et je me dis : sans doute il y a dans cette alliance le nom de celle que l'on me fait épouser... Parbleu, je ne dois jamais connaître ma femme, tâchons au moins de reconnaître cet anneau. Et, sans que cela pût se remarquer, lorsque me trouvai placé devant la balustrade en fer qui séparait les fidèles de l'autel, je frottai avec tant de force mon anneau contre cette balustrade que je lui fis des marques qui n'ont pas dû s'effacer.

Celle que j'allais épouser parut bientôt donnant le bras à un grand homme de belle tournure, mais qui était masqué. Quant à la mariée, elle était tellement cachée sous des voiles qui enveloppaient toute sa personne, qu'il était même impossible de deviner si elle était vieille ou jeune, et le voile jeté sur sa tête me sembla si épais que, de son côté, elle ne devait pas distinguer les traits des personnes qui l'entouraient.

La cérémonie commença sur le champ. Le prêtre qui nous unit parlait quelquefois si bas, qu'il était difficile de l'entendre; et d'ailleurs, en ce moment, je dois vous l'avouer, chère Angelle, votre souvenir était présent à ma mémoire : je comprenais qu'en m'unissant à une autre, c'était vous perdre pour jamais!... Et, s'il en avait été temps encore, j'aurais changé de résolution. Mais déjà on m'avait présenté la main de la mariée, main petite, mignonne, et qui était tremblante : le grand monsieur qui était près d'elle soutenait son bras, sans quoi je crois qu'elle n'aurait jamais eu la force de recevoir l'alliance que je passai à son doigt, en tremblant aussi... mais déjà la cérémonie était terminée. Ma femme avait disparu ; j'étais seul avec le personnage masqué. Il vint à moi et me remit un portefeuille, en disant :

« Voici la somme qui vous a été promise. Maintenant, oubliez ce qui vient de se passer, et surtout jurez-moi de n'en jamais dire un mot ; quant à votre femme vous n'en entendrez plus parler. Vous êtes un honnête homme, on est persuadé que vous ne faillirez pas à votre parole. »

Je jurai, puis je fus reconduit avec les mêmes cérémonies que lorsqu'on m'avait amené. Cette promesse... ce serment que j'avais fait, je viens d'y manquer... mais vous l'avez exigé... vous mourriez de votre chagrin si je vous avais résisté... Ah ! je ne me repens pas de vous avoir cédé... heureux d'être coupable, si j'ai pu ainsi obtenir de vous mon pardon !

— Oui, Ludger, oui, je vous pardonne, car vous n'en aimez pas une autre, car je puis croire que vous pensez toujours à moi... Si vous saviez comme cette idée me fait du bien... comme je respire avec plus de plaisir !... Vous ne pouvez pas être mon mari... puisque vous êtes marié... mais vous ne serez pas à une autre non plus... car cette femme qu'on vous a fait épouser, vous ne l'aimez point, n'est-ce pas, mon ami ? vous ne chercherez jamais à la retrouver ? Elle a votre nom, mais c'est moi, moi seule qui aurai votre cœur ?...

— Jamais il n'a battu que pour vous...

— Cependant... si cette femme venait à mourir... cela vous rendrait libre... Mais comment le sauriez-vous ?

— Je l'ignore... et voilà ce qui me désespère !... Ah ! pourquoi ai-je consenti à cette fatale union !... mais la misère... le dénûment... voilà ce qui m'a perdu.

— Je vous ai pardonné, Ludger, cessez de vous adresser des reproches inutiles. Maintenant, je ne pleurerai plus... vous viendrez nous voir souvent... tous les jours... Vous ne serez pas mon mari,.. mais nous nous aimerons toujours, et l'amitié nous consolera des obstacles que le destin a mis à notre union. Et maintenant vous viendrez à la noce de ma sœur. Ah ! je suis heureuse qu'elle se marie... je suis aimée, moi, et cela me suffit.

XI

RETOUR DE GONTRAN

Léonie est devenue madame Jolichose, et elle est allée s'établir dans le magasin de confection qui appartient maintenant à son mari. Angelle reste seule avec son père. Mais maintenant Ludger vient tous les jours près d'elle passer les instants qu'il a de libres. Quant à M. Bourlet, furieux de n'avoir pas été invité à la noce de Léonie, il ne met plus les pieds chez M. Picardin, où il sait que le professeur retourne assidûment. Il a tâche de se venger en disant partout :

— La petite Léonie a épousé Jolichose qu'elle traitait d'imbécile... mais elle a réfléchi qu'un imbécile était bien le mari qu'il lui fallait. Sa sœur Angelle continue de soupirer avec maître Ficheclaque, qui se laisse faire les yeux doux, mais n'épouse pas... Probablement, il trouve que ce n'est pas nécessaire ; il fait le piquet avec le papa, qui est satisfait, du moment qu'il a quelqu'un pour faire sa partie. Singulière maison ! Je n'y mets plus les pieds... je n'aime pas les situations louches !

Depuis qu'il est de retour à Paris, Edouard de Charmeuse n'a pas été un seul jour sans aller rendre visite à la comtesse de Valgrave ; il n'a pas eu de peine à se faire bien venir du petit Armand, auquel il apporte sans cesse quelque jouet nouveau. Le petit garçon court au-devant de lui dès qu'il le voit arriver ; il l'embrasse en l'appelant son bon ami, et dit à sa mère :

— J'ai deux amis que j'aime bien... mais comme Charmeuse m'apporte toujours quelque chose, comme il me donne tout plein de joujoux... celui-là c'est mon bon ami, et il a le droit de m'embrasser ; tandis que Ludger, c'est mon professeur, il ne m'apporte jamais rien ; celui-là ce n'est que mon ami, et il ne m'embrasse pas.

Les enfants sont déjà de petits hommes, et ce mobile de tout, l'intérêt personnel, les fait agir, avant même qu'ils sachent raisonner.

Edouard s'était trouvé plusieurs fois chez Valentine pendant que le petit Armand recevait les leçons de Ludger ; il avait même pris plaisir à assister à quelques leçons ; la vue du professeur avait sur-le-champ chassé de son esprit toute crainte ; la douceur, la bonté se peignaient dans les traits de Ludger, dont le ton était aussi respectueux que convenable ; aussi Charmeuse s'était il senti sur-le-champ porté à aimer cet homme qui mettait tous ses soins à instruire le petit élève qu'on lui avait confié.

Le retour du marquis de Ravageole était attendu avec impatience par Edouard. Déjà plus de deux mois s'étaient écoulés depuis que Gontran était parti pour l'Italie ; et Valentine ne recevait jamais de nouvelles de son frère, qui trouvait superflu de faire part à sa sœur de ses actions et de ses projets, celle-ci ignorait totalement l'absence du marquis devait se prolonger encore longtemps.

Mais un matin, une voiture entre dans la cour de l'hôtel, et Gontran en descend gai, joyeux, bien portant. Il entre chez sa sœur en s'écriant :

— Me voici, moi. Bonjour, Valentine! tu te portes bien, je le vois à tes yeux. Quant à moi, ma santé est totalement rétablie ; le séjour de l'Italie m'a fait le plus grand bien, et j'y serais resté encore si je m'y étais amusé... Mais ce diable de Paris... il n'y a rien qui lui soit comparable !... Je n'y tenais plus, et j'y suis revenu avec bonheur... Mon coquin de neveu se porte bien, j'espère ?

— Oui, mon frère ; il dort en ce moment, mais si vous voulez l'embrasser...

— Non ; j'ai le temps... il ne faut pas le réveiller... j'ai hâte de changer de toilette...

— Mon frère, je voulais vous dire...

— Plus tard, Valentine, plus tard !... et vous me parlerez tant que vous voudrez... pourvu que cela en vaille la peine, cependant, quant à ce que je vous écoute pas ; car, je vous en préviens, je suis revenu à Paris pour m'amuser, et j'ai hâte de réparer le temps perdu.

Le retour de son frère a vivement ému Valentine, car elle sait que celui qu'elle aime, que le père de son enfant est impatient de le voir ; et elle tremble et redoute l'entrevue qui aura lieu entre Edouard et Gontran. Mais il n'y a pas moyen de cacher l'arrivée du marquis ; et en se rendant à l'hôtel, au mouvement qu'il remarque dans les appartements et parmi les valets, M. de Charmeuse a sur-le-champ deviné que le frère de Valentine était de retour. Alors, au lieu de se rendre suivant son habitude chez la comtesse, c'est chez M. de Ravageole qu'il se fait annoncer.

Gontran venait à peine de quitter ses habits de voyage lorsque M. de Charmeuse se présente devant lui.

— Tiens !... c'est Edouard, notre ancien compagnon de folies !... s'écrie Gontran en souriant à son visiteur. Par ma foi, mon cher, vous me prenez presque au début... j'arrive d'Italie ce matin même... Quant à vous, avant de partir, j'avais déjà appris votre retour en France avec une nouvelle fortune, que vous venez probablement à manger. C'est très-bien... je vous approuve, et je vous y aiderai même ; car tel vous m'avez quitté, tel je suis encore, aussi bon viveur... aussi bon compagnon qu'autrefois.

Cet accueil cordial déconcerte un peu Edouard, qui s'attendait à une toute autre réception ; cependant il se remet, et sans prendre la main que le marquis lui présente, le salue profondément, et lui répond d'un ton sérieux :

— Monsieur de Ravageole, ce n'est pas pour vous entretenir de nos anciennes folies, ce n'est pas dans l'intention de vous en proposer de nouvelles que j'avais hâte de vous revoir... Le sujet qui m'amène est grave, important; je croyais que vous l'auriez deviné en me voyant.

— Je ne tiens nullement à deviner ce qui vous est important et grave; c'est dans l'intention de m'amuser, de me livrer aux plaisirs, que je suis revenu à Paris. Si vous avez à me parler de choses sérieuses, dépêchez-vous d'en finir, sans quoi je vous avertis que vous n'en trouverez plus l'occasion.

En disant cela, Gontran se jette sur un divan, allume un cigare et commence à fumer. M. de Charmeuse s'assied en face de lui, se met parfaitement à son aise et reprend la parole.

— Monsieur de Ravageole, la dernière fois que je vous vis, vous rappelez-vous ce que je venais vous demander?

— Parfaitement, mon cher, parfaitement! Vous veniez me demander la main de ma sœur, que je vous refusai, parce que vous étiez ruiné. Ce que j'ai fait alors, je le ferais encore aujourd'hui si les positions étaient les mêmes... je n'ai pas deux manières de voir.

— Ce que vous avez fait alors, vous l'avez fait en y joignant pour moi des motifs injurieux, en me prêtant de vils sentiments d'intérêt, qui n'étaient pas les miens, car ce n'était pas pour sa fortune, c'était parce que je l'adorais que je vous demandais la main de votre sœur...

— C'est possible... d'autant plus qu'on adore toujours les femmes qui ont une grande fortune... Mais, au fait, où voulez-vous en venir ?...

— Si vous n'aviez pas été le frère de Valentine, croyez-vous donc que j'aurais enduré patiemment les paroles qui accompagnèrent votre refus ?...

— Non, non; j'ai fort bien compris ce qui vous arrêtait, car je sais que vous êtes brave, vous en avez donné la preuve en plus d'une occasion; c'est pour quoi j'aurais eu grand plaisir à me battre avec vous!... mais j'espère que cela pourra se retrouver... Est-ce pour me provoquer que vous êtes venu ce matin me trouver?... Oh! alors, bravo! je suis votre homme... prenons sur-le-champ rendez-vous...

— Non, monsieur, cela ne se peut pas plus aujourd'hui qu'autrefois, car vous êtes toujours le frère de Valentine...

— Alors que diable venez-vous me conter avec vos souvenirs de notre dernière entrevue!... et à quoi bon revenir là-dessus?

— Monsieur, quand cette entrevue eut lieu, j'ignorais que ma faute avait eu des suites... que votre sœur était mère...

— Pardieu! il me semble, monsieur de Charmeuse, que c'est moi qui aurais le droit de vous demander raison de votre conduite... de l'outrage fait à ma sœur... et lorsque je veux bien ne pas vous dire un mot de cela, c'est vous qui venez me le rappeler!... décidément, vous avez envie que nous nous battions!

— Monsieur, en vous demandant la main de Valentine, je cherchais à réparer ma faute.

— Heureusement je l'ai beaucoup mieux réparée et cachée que vous ne l'eussiez fait. En mariant ma sœur, j'ai dérobé à tous les yeux... Aujourd'hui, vous espériez peut-être encore l'épouser... la croyant veuve!...

— En effet, je l'espérais, c'était mon plus ardent désir. Ayant maintenant une fortune qui ne permet plus de penser que l'intérêt me fait agir, je me flattais que vous-même verriez cette union sans déplaisir... Mais qu'ai-je appris de la bouche même de votre sœur!... elle n'est pas veuve... celui que vous l'avez forcée à épouser, le comte de Valgrave, existe toujours!... il est vivant.. abandonné sa femme... et il consent à ce qu'on dise qu'il est mort!... Mais quel est donc cet homme? à quel misérable avez-vous lié l'existence d'une femme charmante, d'une femme faite pour être tendrement aimée? Où donc est-il ce Valgrave que personne ne connaît, que personne n'a vu? Voilà, monsieur, ce que je viens vous demander, ce que je veux savoir... Il faut que je le trouve, cet homme qui me prive à la fois du bonheur d'être époux et père... il faut que je le trouve et que je le tue... car il m'a pris ma femme, et il m'a pris mon enfant !...

Gontran se lève en faisant un mouvement d'impatience ; il jette avec colère le bout de son cigare et se promène avec agitation dans l'appartement, en murmurant :

— Ah! vous voulez connaître le mari de ma sœur !... ah! vous voulez aller le trouver... lui chercher querelle... le tuer !... Vous auriez de la peine !... il ne se bat pas, celui-là... mais je suis désolé de vous contrarier, mon cher monsieur; rien de tout cela n'arrivera !...! Il ne me plaît pas, à moi, que vous connaissiez le comte de Valgrave... par conséquent je ne vous dirai pas où il est.

— Vous ne me le direz pas?

— Non, monsieur, oh! toutes vos instances à ce sujet seraient vaines!... ma résolution est irrévocable !

— Ah! monsieur de Ravageole, vous abusez cruellement de votre position, de votre titre de frère de Valentine !...

— Je vous ai déjà dit, monsieur, que, dès que vous le voudrez, je serai à vos ordres, soit à l'épée, soit au pistolet.

— Mais enfin, pour agir ainsi que vous le faites, il faut que vous ayez un motif... Pourquoi protégez-vous ce Valgrave?... pourquoi me refusez-vous le bonheur de me battre avec lui?... Croyez-vous donc que votre sœur soit heureuse de la position où vous lui avez faite?... ce veuvage qui est faux... cet enfant que je ne puis appeler mon fils... Par pitié... Gontran! au nom de cette amitié qui nous liait autrefois, ne persistez pas à faire notre malheur à tous... dites-moi où est ce Valgrave qui vous a vendu son nom,... ce mariage peut se briser peut-être...

— Non, non, et cent fois non !... Tenez, Charmeuse, croyez-moi, ne revenez pas sur ce sujet; la position de ma sœur est celle que vous lui avez faite... c'est grâce à moi que l'honneur de notre maison a été sauvé... j'ai trouvé un homme qui a bien voulu lui donner son nom, et, présumant que les deux époux ne se plairaient pas ensemble, j'ai exigé de cet homme qu'il partît, qu'il ne revînt jamais près de sa femme... Il me semble que c'est gentil cela... un mari qu'on ne verra jamais... qui consent à passer pour mort!... Mais au lieu de vous plaindre de moi, vous devriez me remercier... en vérité, je ne vous conçois pas !...

— Monsieur de Ravageole, vous oubliez que votre sœur est incapable de trahir ses devoirs... même lorsque c'est à un misérable qu'elle est liée.

— Monsieur de Charmeuse, il me semble que ma sœur ne s'est pas toujours montrée si sévère que vous la faites maintenant. Mais brisons là! vous avez tout dit, je pense, et j'espère que vous ne reviendrez plus sur ce sujet ?

— Non plus avec vous, monsieur, puisque vous êtes impitoyable; mais ce que je veux vous dire encore, c'est que désormais mon seul but, ma seule pensée sera de découvrir où est ce comte de Valgrave que vous refusez de me faire connaître. Oh! je le trouverai... j'y parviendrai... et alors, je vous le jure, tout son sang me payera le mal qu'il m'a fait !

Gontran part d'un éclat de rire, en s'écriant d'un ton moqueur :

— Très-bien, très-bien! tuez Valgrave... si vous le trouvez, je vous le permets... oh ! je vous le permets!

Edouard se contient avec peine ; il sort furieux de chez le marquis et en lui lançant un regard menaçant, auquel celui-ci répond, en saluant avec ironie, par ces mots :

— A vos ordres quand vous voudrez!

XII

UN ECLAIR LUIT.

Depuis le retour du marquis, Ludger continuait de donner des leçons à son jeune élève ; c'était habituellement sur les midi qu'il se rendait à l'hôtel de Ravageole. Pour aller chez la comtesse de Valgrave, au lieu de monter le grand escalier qui conduisait aux entrées principales des appartements, il en montait un plus petit, qui arrivait jusqu'à la porte d'une pièce donnant sur la chambre d'Armand. On lui avait indiqué ce chemin plus commode pour lui, en ce qu'il lui évitait la peine de traverser tout l'appartement de la comtesse. Ludger ne rencontrait jamais le marquis en suivant cette route ; il n'aurait pu le voir qu'en traversant la cour de l'hôtel, où il s'y rendait toujours vers midi, et ne pouvait guère se rencontrer avec Gontran qui, faisant de la nuit le jour et ne se couchant jamais avant quatre ou cinq heures du matin, était encore au lit pendant que son neveu recevait son professeur.

Après l'entrevue orageuse qu'il avait eue avec le marquis, Edouard était revenu trouver Valentine et ne lui avait pas caché quelle avait été la réponse de son frère. Mais la jeune femme n'en avait pas été surprise, elle connaissait le caractère indomptable de Gontran et savait bien qu'il serait impossible de rien changer à ce qu'il avait résolu.

— Il faut nous soumettre à notre sort, dit-elle en soupirant. Je ne suis plus si malheureuse ; je vous revois, vous m'aimez toujours et j'ai mon fils avec moi.

Mais M. de Charmeuse ne pouvait ainsi prendre son parti, et il n'avait qu'une pensée, qu'un désir : c'était de trouver cet homme qui avait épousé Valentine et consenti ensuite à passer pour mort.

Le printemps était revenu, l'été s'approchait, et un jour, pendant que son fils prenait une leçon de son professeur, Valentine, qui était venue embrasser Armand, dit à Ludger :

— Dans quelque temps il nous faudra suspendre les leçons, le travail, car nous irons suivant notre habitude, passer quelques mois à la campagne.

— Vous avez bien raison, madame, dit Ludger, le séjour de la campagne est bien agréable en été, l'air des champs est plus sain que celui de Paris, et je suis persuadé que mon jeune élève doit s'y plaire beaucoup.

— Oh! oui, dit Armand, je m'amuse bien là-bas, je cours dans le jardin, dans le parc... c'est bien grand le parc !... Et puis, il y a une grotte, un labyrinthe, une pièce d'eau et un petit bateau !... Mais, maman, pourquoi mon ami Ludger ne viendrait-il pas aussi à notre campagne ?... Je lui ferais voir tout cela... il courrait avec moi dans le jardin... nous nous amuserions bien... et puis je prendrai toujours des leçons et je commence à épeler... je saurai lire bientôt... et Monvert ne m'appellera plus un âne !...

— Mon cher Armand, je ne demanderais pas mieux que de recevoir M. Ludger dans notre propriété de Montchauvet, mais c'est un peu loin de Paris.

— A combien de lieues madame ?

— Seize lieues environ, c'est par la route de Mantes, à quelques lieues plus loin.

— En effet, c'est loin pour quelqu'un qui a chaque jour des occupations à Paris.

— Ah ! si nous possédions encore la charmante propriété que nous avions auprès de Louveciennes, vous auriez bien pu venir là !... C'était si près de Paris ! en moins d'une heure on y était.

— Ah ! madame a eu une propriété... près de Louveciennes ? répond Ludger qui n'a pu s'empêcher de tressaillir en entendant nommer ce village.

— Oui, c'était presque un petit château !... Rien n'y manquait, beau jardin, parc, pièce d'eau ; il y avait même une petite chapelle dans le fond du jardin.

Ludger éprouve un nouveau frémissement, il jette à la dérobée un regard sur la comtesse, tout en disant :

— Et il y a fort longtemps que madame n'habite plus... qu'elle n'a plus cette propriété ?

— Mais, non, pas très-longtemps... il y a six ans j'y étais encore... j'aimais ce château... il nous venait de nos parents... je ne sais pas pourquoi mon frère a voulu le vendre... j'y avais passé mon enfance... je le regrette... et pourtant il se mêle à mes regrets un bien triste souvenir...

Valentine se tait et devient rêveuse. Ludger garde quelque temps le silence, puis enfin il murmure en hésitant :

— C'est sans doute dans cette propriété de Louveciennes que madame s'est mariée ?...

Valentine éprouve comme une commotion, mais elle ne lève pas les yeux et se contente de balbutier :

— Oui... je l'avoue... qu'on m'a mariée.

D'étranges soupçons traversent l'esprit du professeur, qui cherche dans sa tête comment il pourrait parvenir à en savoir davantage, et éprouve une émotion qu'il a de la peine à maîtriser.

— Maman, est-ce que tu pleures ? s'écrie tout à coup le petit Armand, qui vient de voir des larmes s'échapper des yeux de sa mère.

— Non, mon ami, non, je ne pleure pas ! répond Valentine, qui s'empresse d'essuyer avec son mouchoir les traces de ses pleurs.

— C'est que tu as un air triste tout de suite... est-ce parce que tu regrettes ton vieux château ?

— Mon ami, on doit tenir aux lieux dans lesquels on a passé son enfance, où l'on a reçu les caresses de sa mère.

— Et bien, il faut dire à mon oncle Gontran de racheter ce château que tu aimes tant. Puisque nous sommes riches, nous pouvons bien acheter ce que nous voulons, n'est-ce pas, maman ?

— Mon ami, ce château ne doit pas être à vendre... ceux qui s'en sont rendus acquéreurs veulent sans doute le garder. D'ail-leurs il déplaisait probablement à ton oncle, puisqu'il a voulu le vendre. Mais notre nouvelle propriété me plaît à présent... tu es avec moi, je ne regrette plus rien.

— Alors il ne faut pas avoir l'air triste... C'est égal, je suis fâché que mon ami Ludger ne puisse pas venir à Montchauvet.

— Si ton professeur a quelques jours de libres pendant la belle saison, il nous fera grand plaisir de venir les passer avec nous à notre campagne.

Ludger s'incline en murmurant :

— Madame est trop bonne... elle me fait beaucoup d'honneur.

— Et mon nouvel ami Edouard, il viendra aussi à Montchauvet, n'est-ce pas, maman ?... D'abord il m'a déjà dit qu'il me suivrait partout où j'irai... qu'il ne voulait plus me perdre de vue !...

Valentine rougit tout en répondant :

— Oui, mon ami, M. de Charmeuse viendra nous voir. Oh ! tu ne t'ennuieras pas, nous aurons de la compagnie.

— Ludger, donne-moi une autre plume... je ne peux pas écrire avec celle-ci... elle est mauvaise... Pourquoi ne me fais-tu pas écrire avec des plumes de fer ?

Le professeur réfléchissait toujours, il cherchait un moyen pour éclaircir ses soupçons. Tout à coup un souvenir le frappe et, prenant une plume qu'il se met à tailler, il dit à son élève :

— Je ne vous fais pas servir de plumes de fer, parce que cela rend presque toutes les écritures semblables, et, suivant moi, c'est un mauvais système ; plus tard, quand votre main sera formée, vous vous en servirez si cela vous plaît mieux. Tenez, voilà une qui sera très-bonne.

— Non... non... elle ne vaut rien non plus.

— Vous appuyez trop dessus, ce qui, les abîme vite. Tenez, voici une autre, priez madame votre maman de l'essayer... je suis persuadé qu'elle la trouvera bonne.

— Ah ! oui... si maman la trouve bonne, je la garderai... Maman, viens essayer cette plume-là... moi, je ne fais que des barres et des ronds, mais toi, tu peux écrire des mots !

Valentine s'approche en souriant et prend la plume que lui présente son fils, puis elle se penche sur la table sur laquelle travaille Armand, et pose dessus ses deux mains. C'était bien là ce que le professeur espérait, car pendant que la comtesse écrit le nom de son fils sur une belle feuille de papier blanc qu'il a placée devant elle, il peut tout à son aise examiner cette main qui porte à l'annulaire gauche une simple alliance, et, sur cette alliance aperçoit des espèces d'entailles qui la déparent et ne sont pas, à coup sûr, l'ouvrage du bijoutier.

Ludger est devenu pâle, tremblant, il respire à peine, et n'ose plus lever les yeux sur la comtesse, parce qu'il est à peu près certain maintenant que c'est sa femme qui est là, devant lui.

Valentine a fini d'écrire le nom de son fils, elle donne la plume à l'enfant, en lui disant :

— Mon ami, cette plume est excellente, il faut t'en servir.

Le petit garçon a pris la plume, en s'écriant :

— Ah! comme maman écrit bien !... Vois-tu Ludger, c'est mon nom qu'elle a mis là... Je parie que tu ne l'écris pas si bien que cela, toi... Voyons... écris-le... au-dessous... Eh bien... est-ce que tu ne m'entends pas ?...

Mais le professeur n'était plus en état d'écrire, et lorsqu'il essaye de former des lettres, sa main est tellement tremblante, qu'il ne peut continuer.

Armand s'écrie :

— Eh bien, voilà mon ami qui ne fait plus ses m si bien que moi... Oh ! comme il tremble !... qu'est-ce que tu as donc, mon ami !... tu es tout pâle...

— En effet... vous avez quelque chose, monsieur Ludger, dit la comtesse ; vous trouveriez-vous indisposé ?

Le professeur se lève et, toujours sans oser lever les yeux sur Valentine, balbutie :

— Madame... en effet... il vient de me prendre un malaise... je ne me sens pas bien... je vous demanderai la permission de ne pas continuer la leçon...

— Mais il faut prendre quelque chose... je vais faire apporter de l'eau orangée... de l'éther...

— Non.. je vous remercie, madame... l'air du dehors me fera du bien... excusez-moi...

— Mon ami Ludger, pourquoi ne veux-tu pas prendre ce que dit maman ?... cela te guérirait...

— Merci... mon cher élève... Madame... pardonnez-moi... mais j'ai besoin d'air. »

Tout en disant cela, Ludger prend son chapeau, salue profondément Valentine, puis s'empressant de sortir, gagne le petit escalier et quitte l'hôtel presque en courant, tant il a de hâte de se rendre près d'Angelle pour lui faire part de la découverte qu'il vient de faire.

La blonde Angelle était presque toujours seule chez elle dans la journée depuis que sa sœur était mariée, mais elle demeure toute saisie en voyant entrer Ludger, l'air bouleversé, le visage inondé de sueur et qui se met à marcher dans la chambre comme un insensé, tout en s'écriant :

— Je l'ai trouvée .. c'est elle... je n'en saurais douter... Ah ! mon Dieu ! qui aurait pu l'aurait pensé ?... qui aurait jamais deviné cela ?... et moi-même... il y a des moments où je me dis : Non, cela n'est pas possible... Cela n'est pas !...

— Mon ami, au nom du ciel, que vous est-il arrivé ? demande Angelle en regardant Ludger avec inquiétude. Vous êtes bien ému, bien agité...

— Il y a de quoi... Ah ! ma douce Angelle, il y a bien de quoi !... j'ai vu cette preuve, vu de mes yeux... *pluris est oculatus unus quam auriti decem !*...

— Ah ! mon ami, si vous me parlez latin, je ne peux plus vous comprendre !...

— Vous voyez un homme qui ne sait plus où il en est !... c'est elle !... *Alea jacta est* !...

— Encore... c'est elle... qui, elle !...

— Je vous dis que je viens de la découvrir, et pourtant le ciel m'est témoin que je ne la cherchais pas !... mais le hasard, la destinée... *sic fata volunt* ou *voluerunt* !...

— Mais qui donc avez-vous trouvé.. découvert ?...

— Ma femme... la personne que l'on m'a fait épouser...

Angelle devient à son tour pâle et tremblante en balbutiant :

— Votre femme !... vous avez vu votre femme ?... vous la connaissez ?...

— Oui... et je la voyais, je la connaissais depuis longtemps, sans me douter que j'étais son mari !...

— Votre femme !... mais je ne veux pas que vous connaissiez votre femme, moi !... je ne veux pas que vous habitiez avec elle... Ah ! mon Dieu ! il ne nous manquait plus que cela !... Vous allez peut-être l'aimer, cette femme !...

Et la pauvre Angelle se met à éclater en sanglots ; alors Ludger court à elle, l'entoure de ses bras, en lui disant de la voix la plus tendre :

— Moi l'aimer !... est-ce que c'est possible ?... n'est-ce pas vous que j'aime, chère Angelle ? n'est-ce pas vous que j'ai toujours aimée ?... Et puis, quand même, est-ce que je pourrais l'aimer cette dame ?... est-ce qu'elle voudrait de moi ?... n'en aime-t-elle pas un autre ?... et qui l'aime aussi... Oh ! j'ai bien vu cela...

— Votre femme aime quelqu'un ?... ah ! tant mieux !... elle ne vous aimera pas alors...

— Une si grande dame !... mais elle serait furieuse si elle savait que je suis son mari !...

— Vous ne lui avez pas dit ?

— Oh ! je m'en serais bien gardé...

— Vous avez bien fait... il ne faut jamais le lui dire, entendez-vous !... jamais !... Mais enfin, cette... femme... qui est votre femme... où donc l'avez-vous vue ?... comment l'avez-vous reconnue, puisque vous ne la connaissiez pas ?...

— Ah ! chère Angelle, vous allez être bien étonnée... cette jeune fille avec qui l'on m'a marié il y a six ans et quelques mois maintenant... c'est la mère de mon petit élève... c'est madame la comtesse de Valgrave...

— La comtesse de Valgrave !... oh ! par exemple !... est-ce possible ! mais alors vous êtes donc le comte de Valgrave, vous ?

— Moi ! vous savez bien que je suis Ludger Ficheclaque, et pas autre chose... Je n'ai jamais été comte de ma vie.

— Mais cette dame se dit veuve, elle croit donc que vous êtes mort ?

— Je ne sais pas ce qu'elle croit... on le lui a peut-être dit...

— Mais pourquoi ne se nomme-t-elle pas veuve Ficheclaque au lieu de comtesse de Valgrave ?

— Pourquoi ?... Tenez, ma chère Angelle, je ne suis pas bien fort en fait d'intrigues, cependant ce que je puis comprendre, ce qui me semble très-probable dans tout ceci, c'est que l'on aura fait croire à cette jeune femme qu'elle épousait un noble, un comte ; il a été facile alors de nous tromper tous deux, car le prêtre qui nous a mariés parlait si bas lorsqu'il prononçait des noms, qu'il était impossible de bien entendre. Cette jeune dame ignore donc qu'elle a épousé le modeste Ludger Ficheclaque, simple professeur, et elle le saurait qu'elle n'en porterait certes pas le nom... La sœur du marquis de Ravageole ne peut pas s'appeler madame Ficheclaque !... Fi donc !... ce serait trop déroger ! Et puis, une autre preuve : si cette dame avait su... qu'elle était ma femme, croyez-vous donc qu'elle m'aurait accepté pour professeur de son fils ?

— Vous avez raison... mais comment avez-vous découvert cela ?

— Elle a parlé d'une propriété qu'elle possédait près de Louveciennes et dans laquelle il y a une petite chapelle au fond d'un jardin... cela m'a donné l'éveil ; j'ai pu regarder sa main, ses doigts : j'ai vu, j'ai reconnu cette alliance rayée, abîmée par moi contre une balustrade... Oh ! c'est bien elle que j'ai épousée... tout me le dit ; mais je vous le répète, cette dame aura cru donner sa main au comte de Valgrave.

— Alors, pourquoi vous a-t-on marié avec elle ?

— Pour cacher une faute... une faiblesse... et puis, vous savez bien ce qu'on m'a fait jurer le secret...

— Ce secret, vous ne le trahirez plus, n'est-ce pas Ludger ? vous ne direz pas à cette dame que vous êtes son mari ?... Oh ! jurez-moi que vous ne le direz pas... que vous la regarderez toujours comme la veuve d'un autre.

— Oui, chère Angelle, je vous jure que je ne dirai pas à cette comtesse qu'elle est devenue roturière... et pourtant... j'aurais bien voulu ..

— Quoi ? .. qu'est-ce que vous auriez voulu, monsieur ? user de vos droits de mari peut-être ?...

— Ah ! par exemple !... quelle idée me supposez-vous là !...

— Ah ! c'est que... elle est bien jolie cette jeune dame !

— Il n'y a de jolie que la personne que l'on aime...

— A la bonne heure !... et c'est moi que vous aimez... oui, je vous crois, Ludger... mais c'est égal, vous ne direz pas à la comtesse que vous êtes son mari... promettez-le-moi encore !...

— Je vous le promets.

— Et, quand vous retournerez donner des leçons à son fils, vous ne la regarderez pas trop, cette dame ?...

— Oh ! soyez tranquille... aujourd'hui déjà, en découvrant ce terrible mystère, je n'osais plus lever les yeux sur la comtesse... Au reste, les leçons que je donne à son petit fils seront bientôt suspendues... ils partiront passer l'été à la campagne.

— Ah ! tant mieux... je voudrais qu'elle y fût déjà, cette dame ! Et dire que tout cela est vrai que vous aviez épousé cette fille !... En vérité, dans la vie, nous sommes presque toujours les premiers auteurs de nos peines... enfin... vous m'avez juré que vous ne lui diriez pas que vous êtes son mari. Adieu, mon ami, allez chez vos élèves... mais ne pensez plus à votre femme... puisqu'elle est veuve !

XIII

LE JOUR SE FAIT.

— Que je ne pense plus à ma femme ! se dit Ludger en quittant Angelle. C'est bien facile à dire ; mais malgré moi je ne pense plus qu'à cela ; non pas que je sois amoureux de cette comtesse, Dieu m'en garde ! mais parce que je voudrais au contraire rompre les nœuds qui m'attachent à elle : je voudrais ravoir ma liberté, car si j'étais libre j'épouserais celle que j'aime, et je ne serais plus un mari sans femme... autrement dit un corps sans âme !

Puis, après avoir réfléchi longtemps, le professeur se dit encore :

— J'ai juré à Angelle de ne point dire à la comtesse que je suis son mari ; mais sans lui dire cela... ne pourrais-je pas lui raconter ce qui m'est arrivé, en ne disant point que c'est à moi que cela est arrivé ? Ce serait un moyen pour m'assurer si je ne me trompe pas... car enfin, je n'ai encore pour preuve que les rayures que j'ai vues sur un anneau... et le hasard pourrait avoir amené cette ressemblance... Si cette grande dame est bien celle que l'on m'a fait épouser, je m'en apercevrai au trouble que lui causera mon récit... Je verrai alors comment elle prend la chose... cela me guidera pour la conduite que je dois tenir... Oui, cette idée ne me paraît pas mauvaise... Tout me dit que madame... soi-disant de Valgrave, aime et est aimée de ce M. Édouard de Charmeuse qui embrasse le petit Armand, absolument comme si c'était son fils !...

par conséquent, elle doit donc, de son côté, désirer autant que moi rompre les liens qui l'unissent à un autre.

Ludger mûrit longtemps cette idée dans sa tête, et le lendemain il se rend, comme c'est son jour de leçon, chez son petit élève, à l'hôtel de Ravageole.

Armand était sur les genoux de sa mère; il les quitte bien vite pour aller au-devant de son professeur.

— Ah! c'est mon ami Ludger... Bonjour, mon ami... Je suis bien content de te voir... nous parlions de toi avec maman, et nous avions peur que tu fusses malade...

— En effet, monsieur Ludger, hier vous paraissiez bien souffrant quand vous nous avez quittés, et je craignais que votre indisposition n'eût eu des suites.

— Madame la comtesse est trop bonne... je la remercie beaucoup de l'intérêt qu'elle veut bien prendre à ma santé, ainsi que mon cher élève... mon ami Armand, mais ce n'était qu'un étourdissement... je ne m'en ressens plus... et me voilà tout prêt à donner ma leçon, si toutefois mon jeune écolier est disposé à la prendre.

— Oui, oui, je veux écrire,... je fais très-bien les o à présent... je veux devenir savant bien vite.

On se rend dans la pièce où Armand prend ses leçons, et Valentine s'y installe avec sa tapisserie, comme c'est assez son habitude, lorsque M. de Charmeuse n'est pas encore venu lui rendre visite.

On travaillait depuis quelque temps. Ludger cherchait dans sa tête un moyen pour amener naturellement le récit qu'il voulait faire. Tout à coup le petit Armand s'écrie :

— Quand nous serons à la campagne je n'étudierai pas tant, parce qu'alors je cours toute la journée dans le jardin... Aimes-tu la campagne, mon ami Ludger?

— Oui, mon ami, oui... si j'avais le temps j'irais souvent m'y promener; mais en me parlant hier d'une propriété qu'elle possédait près de Louveciennes, madame votre maman m'a rappelé une aventure... bien singulière... bien extraordinaire... qui est arrivée à quelqu'un qui aimait passionnément la campagne et allait tous les jours se promener... de ce côté-là...

— Une aventure extraordinaire vous est arrivée par là? dit Valentine.

— Non, madame, non, pas à moi, mais à l'ami... d'un de mes amis... Figurez-vous... cela a l'air d'un roman!... que le monsieur... qui se promenait tous les jours dans la campagne... a été un beau jour... non, une belle nuit... marié à une personne qu'il ne connaissait pas...

Valentine laisse sa tapisserie tomber de ses mains; elle éprouve comme un mouvement nerveux, et se tourne vers le professeur, en lui disant d'une voix émue:

— Ah! contez-moi donc cette histoire-là... cela me semble si singulier!... je serai curieuse de l'entendre...

— Voilà comme cela s'est passé, madame, du moins à ce que m'a dit l'ami du monsieur... à qui cela est arrivé. C'était, à ce qu'il paraît, un pauvre diable... fort malheureux... sans ouvrage... sans ressources... Un jour... il y a de cela six ans et quelques mois, un monsieur vint à lui, et lui dit : « Voulez-vous gagner trente mille francs?... on ne vous propose pas une action coupable, il s'agit seulement d'épouser une demoiselle de grande maison, que l'on a de grands motifs pour vouloir marier sur-le-champ... vous ne verrez, ni votre future, elle sera voilée, vous ne devez jamais la connaître... vous recevrez la somme et partirez aussitôt le mariage fait, et vous jurez de garder le secret sur cette aventure... »

— Et cet homme... ce monsieur accepta ces conditions! balbutie Valentine, dont l'émotion est à son comble.

— Oui, madame... il était presque sans pain... il accepta. A minuit on vint le prendre dans la campagne, on lui mit un bandeau sur les yeux... on le fit monter en voiture... il ne sut pas où on le conduisait...

— Ah! il ne le sut pas?...

— Non, mais arrivé dans un jardin, on lui ôta son bandeau, et il se vit devant l'entrée d'une petite chapelle... alors ce qu'il remarqua... car dans une position semblable il paraît que l'on fait attention à tout... c'était une statue d'une femme en prière, qui se trouvait tout contre la porte de la chapelle, et à cette statue il manquait une main...

— O mon Dieu!...

— Ce récit ennuie peut-être madame la comtesse... je vais le cesser...

— Non, monsieur, non, achevez; je vous en prie...

— Tout se passa comme cela avait été convenu... ce monsieur reçut dans la chapelle une alliance qu'on lui défendit d'ouvrir, et qu'il passa au doigt de la demoiselle avec qui on le mariait... et dont il n'aperçut ni le visage, ni même la taille, tant elle était surchargée de voiles qui cachaient toute sa personne... puis la cérémonie achevée, la mariée disparut... et lui, auquel on banda les yeux de nouveau, fut ramené comme il avait été pris... dans la campagne... et... c'est tout...

— Et cet homme... ce monsieur qui a été marié ainsi, comment se nomme-t-il?

— Comment il se nomme?... Mon Dieu! madame... je ne sais pas si mon ami m'a dit son nom... je ne crois pas... au reste, je ne m'en souviens plus...

— Ah! monsieur Ludger, je vous en prie... je vous en supplie, tâchez de vous rappeler son nom... Mais enfin que fait-il cet homme? quelle était sa profession... son état?... où demeurait-il?...

— Madame, je ne sais rien de tout cela... c'est-à-dire... je crois me souvenir que mon ami m'a dit que c'était un poëte... oui... un poëte pauvre... et un pauvre poëte probablement...

— Qu'est-il devenu... avec cette somme qu'il a reçue?... il a pu faire quelque chose...

— Voilà ce que j'ignore, madame... car je n'ai jamais eu l'idée de m'en informer...

— Mais votre ami... celui qui le connaissait... celui qui était son confident, puisqu'il lui a conté tout cela... malgré la promesse qu'il avait faite de garder le secret... où est-il?... où peut-on le trouver?...

— Mon ami!... il est mort, madame... il n'existe plus depuis... depuis plus d'un an...

— Ainsi, il n'y a donc nul moyen de savoir quel était cet homme, dont vous venez de me conter la mystérieuse aventure!... Monsieur Ludger, je vous en supplie de nouveau, tâchez de vous rappeler le nom de cet homme... d'obtenir quelques renseignements qui puissent me mettre sur la voie... me le faire découvrir...

— Madame la comtesse est donc vivement intéressée par cette aventure?...

— Oui... beaucoup plus que vous ne sauriez le penser... car je crois connaître la personne... la dame qui a été mariée ainsi contre son gré, et victime d'une volonté plus forte que la sienne et à laquelle il lui était impossible de résister...

— Ah! madame croit... la connaître?...

— C'est pourquoi, je vous le répète, monsieur Ludger, faites tout votre possible pour vous rappeler, pour savoir le nom de celui qui s'est laissé marier ainsi... Vous ne sauriez croire à quel point cela m'intéresse... faites toutes les démarches nécessaires... votre ami... celui qui est mort, avait peut-être une femme, des enfants qui pourront vous renseigner sur celui que je veux trouver... Par grâce, ne négligez rien... donnez-moi votre adresse... j'enverrai savoir si vous avez appris quelque chose... Armand ne travaillera plus aujourd'hui, la leçon est finie. Allez, monsieur Ludger, et je vous en prie, occupez-vous sur-le-champ de ce que je vous demande...

— Il suffit, madame, je ferai mon possible... pour obtenir des renseignements... mais je n'espère pas y parvenir.

— Son nom, monsieur! que je sache au moins son nom.

Le professeur s'incline et s'éloigne en se disant :

— Maintenant, il ne me reste plus le moindre doute; c'est bien elle qui est ma femme.

XIV

JOLICHOSE FAIT DES SIENNES.

Valentine attend avec impatience l'arrivée de M. de Charmeuse; il lui tarde de lui faire part de ce qu'elle vient d'apprendre. Enfin, Édouard arrive; à peine a-t-il vu Valentine, qu'il s'écrie :

— Que vous est-il survenu?... quel nouveau malheur nous frappe?... Je lis dans vos yeux de nouvelles peines... parlez...

La jeune femme ne fait pas languir son amant; elle lui raconte tout ce que le professeur de son fils lui a dit, toute cette histoire de cet homme marié à une jeune femme qu'il n'a pas même vue... dans cette chapelle, à la porte de laquelle était une statue de femme dont la main était brisée : cette circonstance ne laissait aucun doute sur l'endroit dans lequel avait eu lieu ce mariage. C'était bien dans leur propriété de **Louveciennes** que l'homme intonnu avait été amené, c'était bien là ce cet homme là que la sœur de Gontran avait été mariée.

Edouard apprend tout cela avec cette agitation, cette impatience que donne l'espoir de découvrir enfin un mystère important, un mystère dont la connaissance peut changer toute notre existence. A peine la jeune femme a-t-elle achevé de parler, qu'il s'écrie :

— Il faut que je voie le professeur, que je l'interroge... Cet homme doit en savoir plus qu'il ne vous en a dit... oh ! il faut que je lui parle.

— Mais, mon ami, qui vous fait penser qu'il en sait plus qu'il ne m'a dit ? Ce M. Ludger est honnête ; il témoigne la plus tendre amitié à mon fils... pourquoi m'aurait-il fait mystère de quelque chose, puisque je le suppliais de me dire tout ce qu'il savait ?

— Pourquoi ? je l'ignore... mais je suis persuadé qu'il sait le nom de cet homme... que votre frère vous a forcée à épouser.

— Pour quelle raison aurait-il refusé de me le dire ?

— Il a peut-être promis le secret... Mais cet ami qui connaissait l'autre, cet ami qui n'est pas mort aussi... tout cela n'a pas le sens commun, et pour moi il est évident que maître Ludger ne vous a pas dit toute la vérité. Je veux le voir, et je saurai bien le forcer à parler... à me dire le nom de... ah ! je ne dirai jamais le titre qu'on lui a donné... Vous savez l'adresse du professeur, donnez-la moi...

— La voici ; mais, je vous en supplie, Edouard, de la prudence... ne me compromettez pas... ne prononcez pas mon nom imprudemment... et traitez avec douceur ce bon professeur qui semble m'être entièrement dévoué...

— Soyez tranquille, chère Valentine... reposez-vous sur moi pour ce qu'il faut faire. Ce M. Ludger me paraît être un fort brave homme... il aime Armand ; je me sentais porté à avoir aussi de l'amitié pour lui. Il ne résistera pas à ma prière, et je saurai quel est cet homme qui consent à passer pour mort... je veux connaître celui qui est votre... non ! je ne dirai jamais cela !...

M. de Charmeuse quitte précipitamment la comtesse et se rend à l'adresse qu'on vient de lui donner.

Mais Ludger n'est pas chez lui. En sortant de l'hôtel de Ravageole, il était allé donner des leçons dans un quartier fort éloigné de sa demeure ; et, suivant son habitude, avait laissé sa clef chez sa concierge, qui avait soin de son ménage. La concierge ne devait alors laisser monter personne ; mais cette consigne ne concernait pas les filles de M. Picardin, ni Jolichose, qui, depuis son mariage, venait souvent chez le professeur pour tâcher de devenir un peu plus fort sur la grammaire et de ne pas faire de cuirs en montrant ses marchandises.

Lorsque M. de Charmeuse se présente et demande maître Ludger Ficheclaque :

— Il n'y est pas, répond la concierge.

— Et tardera-t-il beaucoup à rentrer ?

— Je n'en sais rien, monsieur ; cependant je ne pense pas qu'il soit longtemps, car il y a un monsieur... un de ses élèves, enfin quelqu'un qui est très-lié avec lui, et auquel j'ai ordre de remettre la clef quand M. Ficheclaque n'y est pas, et ce monsieur est là-haut qui attend le professeur.

— Puisqu'il y a du monde qui attend là-haut, je ne vois pas pourquoi je n'y attendrais pas aussi. A quel étage, madame ?

— Au troisième, monsieur ; il y a une plaque et le nom sur la porte.

C'était Jolichose qui était venu et qui attendait Ludger ; mais cette fois ce n'était pas seulement pour prendre une leçon de français que le nouveau marié s'était rendu chez le professeur. Un motif bien plus intéressant l'y conduisait : sa femme lui avait annoncé, le matin même, qu'elle devenait mère. A cette nouvelle, Jolichose, ivre de joie, s'était livré à mille folies ; puis il avait voulu tout de suite faire choix d'un parrain et d'une marraine. On était tombé d'accord : la marraine, ce serait Angelle ; le parrain, ce serait Ludger. Et aussitôt qu'il avait eu un moment de libre, Jolichose avait couru chez le professeur pour lui apprendre cette grande nouvelle.

Edouard n'a dans la tête que l'idée de l'homme inconnu que le professeur n'a pas nommé, et ne se dit pas ce peut-être lui qu'il va trouver chez Ludger. Mais aussitôt qu'il a aperçu Jolichose, il comprend que l'aventure mystérieuse ne saurait le regarder.

Le nouveau marié se promenait dans l'appartement, en cherchant déjà quel nom il donnerait à sa progéniture. En voyant la porte s'ouvrir, il s'écrie :

— Ça y est ! cher ami, ça y est !...

Mais s'apercevant que ce n'est pas le professeur qui revient, il s'arrête et murmure :

— Tiens ! ce n'est pas lui... c'est un monsieur que je ne connais pas.

— Et qui désire beaucoup voir M. Ludger, dit Edouard. J'ai à l'entretenir pour une affaire importante.... On m'a dit que quelqu'un l'attendait déjà chez lui... voilà pourquoi je me suis permis de monter... Je présume, monsieur, que cela ne vous contrarie pas ?

— Moi... oh ! pas du tout, monsieur, au contraire, je m'ennuierai moins... quand je suis tout seul je m'ennuie très-vite... Asseyez-vous donc, monsieur... je puis faire les honneurs, je suis ici comme chez moi...

— Ah !... je comprends, vous êtes fort lié avec M. Ludger.

— C'est-à-dire que nous sommes les deux doigts de la main... de la même main, si ce n'est qu'il est savant et moi pas...; mais chacun son état ; moi, je confectionne des enfants, et je puis dire que dans ce moment je le fais un peu bien, mon état... eh ! eh !... Ah ! vous ne me comprenez pas ! voilà la chose : je tiens un magasin de confection... pour enfants principalement. Or, je viens de me marier et ma femme est enceinte ; alors vous voyez que la confection va... ah ! ah ! ah !... suis-je heureux ! et je viens demander à Ludger d'être parrain de notre mioche mâle ou femelle... Ah ! voilà ce qui m'ennuie ! c'est de ne pas déjà être sûr du sexe... Je déclare que ceci est une faute dans la perpétuation des individus... il devrait paraître un signe... sur le visage de la mère, par lequel on verrait tout de suite ce qui en est : ce serait bien plus commode pour s'occuper d'un nom et d'une layette.

Edouard prêtait assez peu d'attention à ce que lui disait Jolichose. Cependant, au bout d'un moment, il lui dit :

— Il y a longtemps que vous connaissez M. Ludger ?

— Ah ! je crois bien... je le connaissais avant ma naissance !... c'est une façon de parler ; mais nous avons toujours été amis, parce que... vous allez saisir la chose... ma femme, Léonie Picardin, que j'ai épousée, il y a trois mois dans huit jours, ma femme a une sœur qui est fort jolie aussi... pas brune, par exemple ; mais c'est égal, elle est jolie. Or, moi, je faisais la cour à Léonie et le professeur la faisait à sa sœur Angelle ; comme nous étions toujours bons amis... seulement il y a déjà bien longtemps qu'il fait sa cour, lui.. tandis que moi ça n'est pas ancien.

— Est-ce que M. Ludger n'est pas aimé de la sœur de votre femme ?

— Pas aimé !... oh ! pardonnez-moi... c'est-à-dire que mamzelle Angelle l'adore ! elle en dessèche, c'est facile à voir...

— Alors pourquoi donc le professeur ne l'épouse-t-il pas ?...

— Pourquoi ? ah ! voilà ce que je me suis demandé plusieurs fois... je l'ai demandé aussi à ma femme, mais elle n'en sait pas plus que moi ; elle n'y conçoit rien... Il y a quelque chose qui n'est pas clair... c'est même très-obscur... mais, pardon !... ce que je vous conte là vous embête peut-être ?... Ah ! bigre ! si ma femme était là et qu'elle m'entendît dire « vous embête !... elle me gronderait très-fort... Elle veut que je devienne distingué dans mon langage !... mais tant pis ! quand je ne suis pas devant elle, je me lâche, je me permets un peu d'argot...

M. de Charmeuse, qui commençait à prendre beaucoup d'intérêt à ce que lui contait Jolichose, rapproche sa chaise de la sienne, en lui disant :

— Je vous assure, monsieur, pardon, j'ignore votre nom ?

— Jolichose, confection d'enfants, *Au Bébé qui fait ses dents !*... C'est une idée de moi cette enseigne-là : on voit un petit bébé assis sur un vase nocturne, et il est censé qu'il fait ses dents... eh ! eh !... Ma femme veut changer cette enseigne-là, mais moi j'y tiens.

— Pardon, monsieur Jolichose... mais vous me parliez de M. Ludger... qui n'épouse pas la sœur de votre femme, dont il est aimé et qu'il aime aussi...

— Justement, c'est là le nœud, c'est là où l'on se perd en conjectures ; moi, je m'y suis déjà perdu plusieurs fois ! Figurez-vous que, il y a six ans et demi environ, ce pauvre professeur était gueux comme un rat, pas d'élèves, par d'argent, et par conséquent pas de quoi renouveler ses vêtements qui tombaient en ruines... J'étais bien jeune encore, j'avais seize ans ; c'est égal, je me rappelle qu'en regardant ce pauvre Ludger, je ne pouvais pas m'empêcher de chanter la chanson de *Cadet-Roussel*, vous savez :

Cadet-Roussel n'a qu'un habit,
Il est doublé de papier gris !

Quand en abaisse sa maison, en prenant un misérable pour beau-frère... (P. 35.)

J'ai oublié les autres couplets... les savez-vous ?
— Non ; mais continuez, je vous en prie ; tout ceci m'intéresse beaucoup.
— Eh bien alors, le papa Picardin, qui ne connaît que le quibus, avait presque mis le professeur à la porte... et pendant trois mois on ne le revit plus. Au bout de ce temps, il reparut chez M. Picardin ; mais ce n'était plus un pauvre diable à peine vêtu : c'était un homme bien couvert, élégant même... Enfin, il dit qu'il avait hérité ; et, à dater de ce moment, il trouva des élèves tant qu'il en voulut. Alors on crut naturellement qu'il épouserait Angelle dès qu'elle serait en âge d'être mariée ; mais pas du tout ! Les mois, les années s'écoulèrent ; le professeur semblait toujours en admiration devant la jeune fille, mais il ne demanda pas sa main. M. Picardin a voulu marier mamzelle Angelle à un autre, mais pas moyen ; elle refuse tous les autres partis, elle n'aime que son cher Ludger. Celui-ci est toujours en contemplation devant elle, puis il pousse des soupirs, lève les yeux au ciel... Ils ont l'air très-malheureux de s'aimer comme ça, et ils ne s'épousent pas...
Eh bien, si vous y comprenez quelque chose, vous serez plus malin que nous.

Édouard commençait, lui, à très-bien comprendre ; le bavardage de Jolichose venait de lui faire pressentir une partie de la vérité et l'avait mis sur la voie de ce mystère qu'il voulait pénétrer. Mais feignant un air indifférent, il se borne à répondre :

— Ce que vous venez de me raconter est, en effet, très-singulier... mais il est probable que le professeur a de fortes raisons pour agir comme il le fait.

— Mais quelles sont-elles, ces raisons ? qu'il les dise alors, qu'il s'explique... on ne laisse pas une jolie demoiselle perdre le plus beau de sa jeunesse à regarder les mouches voler !... Au reste, Léonie a pris son parti : d'abord elle ne voulait se marier qu'après sa sœur, qui est l'aînée ; mais quand elle a vu que celle-ci refusait tous les partis pour rester fidèle au professeur, alors elle s'est dit : « Tant pis ! moi, je vais me marier. » Et elle m'a épousé avec joie, avec ivresse... et je me flatte qu'elle ne s'en repent pas, d'autant plus que, vous voyez... il n'y a pas encore trois mois, et ça y est !... confection d'enfant ; je viens apprendre cette nouvelle-là à mon ami Ludger, que nous avons choisi pour parrain... Va-t-il être content !... mamzelle Angelle sera sa commère... et que sait-on ? cela le décidera peut-être à en finir... Ah ! on monte l'escalier... c'est lui... voilà mon parrain, je reconnais son pas.

Ludger vient, en effet, de rentrer ; il demeure fort surpris de trouver chez lui M. de Charmeuse et fait peu attention à Jolichose ; bien que celui-ci saute et danse dans la chambre, en criant comme un sourd :

— Ludger ! ça y est... ma femme a son affaire... vous serez le parrain... c'est convenu... il faut chercher un nom bien mélodieux, deux noms même, vu que cela peut être un garçon ou une fille...

— Quoi ! monsieur de Charmeuse m'a fait l'honneur de venir chez moi ? dit Ludger en saluant respectueusement Édouard.

— Oui, monsieur le professeur, j'ai à vous parler d'une affaire fort intéressante... pour laquelle je vous demanderai un entretien particulier...

— A vos ordres, monsieur.

— Ludger, vous n'avez donc pas entendu ? ma femme est enceinte, vous serez la marraine et mamzelle Angelle le parrain... non, je me trompe... mais ça ne fait rien... vous acceptez, j'espère ?

— Oui, mon cher Jolichose... tout ce que vous voudrez... mais en ce moment vous voyez que je ne puis vous écouter ; veuillez nous laisser, je vous verrai bientôt.

— A la bonne heure !... c'est toujours convenu... en attendant, pensez à un nom... masculin ou féminin.

— Oui... oui... j'y songerai... au revoir...

— Moi, j'aime beaucoup Oculi... c'est gentil pour un homme... c'est égal, cherchez toujours...

Ludger est parvenu à mettre Jolichose à la porte ; il revient alors trouver M. de Charmeuse, lui présente un siège, puis s'assied à son tour, en lui disant :

— Je vous écoute, monsieur.

Édouard regarde fixement le professeur.

Je vais donner une leçon au fils de madame de Valgrave... (P. 39.)

— Est-ce que vous ne devinez pas un peu, monsieur Ludger, le sujet qui m'amène?...

Ludger ne peut cacher un certain embarras, en répondant :

— Non, monsieur, non, je ne devine pas.

— Eh bien, je vais en quelques mots vous mettre sur la voie. Aujourd'hui même, en donnant leçon au fils de madame de Valgrave, vous lui avez conté une histoire fort singulière, mais fort intéressante d'un homme qui, moyennant une assez forte somme d'argent, a consenti à se marier à une personne qu'il ne connaissait pas... qu'il n'avait jamais vue, qu'il ne devait jamais connaître?...

— En effet, monsieur, j'ai raconté cela à madame la comtesse... comme je l'avais entendu raconter...

— Et madame Valgrave vous a dit qu'elle croyait connaître la jeune fille qui a été mariée ainsi ?...

— Oui, monsieur.

— Eh bien, moi aussi je la connais, cette jeune fille... je lui porte le plus tendre intérêt... c'est pourquoi je viens, monsieur Ludger, vous prier de me dire le nom de cet homme auquel on l'a contrainte à donner sa main. Ah! ne croyez pas que ce soit sur lui que doit tomber ma colère... non... un moment, je l'avoue, j'eus l'idée de le tuer...

— Le tuer!... vous vouliez le tuer ?...

— C'était un moyen pour rendre la liberté à celle qu'il a épousée.

— En effet... oui, c'était un moyen expéditif.

— Mais depuis que je sais comment tout cela est arrivé, j'ai compris que cet inconnu avait été plus malheureux que coupable... il était sans ressource, sans pain, sans avenir... Eh mon Dieu ! à sa place, qui n'aurait pas accepté le marché qu'on lui proposait, et qui peut-être fait son malheur aujourd'hui !

— Oui, monsieur... oh! vous avez raison... il doit bien regretter de n'être plus libre !...

— C'est pourquoi, monsieur Ludger, vous pouvez sans crainte me dire son nom.

— Son nom !... mais j'ai déjà eu l'honneur de dire à madame la comtesse que je l'ignorais... que je croyais même ne l'avoir jamais su.

— Oui, vous avez dit cela, et l'ami de cet homme, celui qui vous a conté toute cette histoire, est mort aussi n'est-ce pas?

— Sans doute, monsieur.

— Monsieur Ludger, je vois avec plaisir que vous n'avez pas l'habitude du mensonge, car rien qu'en vous regardant maintenant, on devinerait que vous ne dites pas la vérité...

— Monsieur... je vous assure...

— Vous savez le nom de cet homme; il y a plus, vous le connaissez... vous avez promis de ne point le révéler... mais quand il s'agit du bonheur d'une femme, de l'avenir d'un enfant, on peut bien manquer à un serment fait à un misérable !... Vous ne voulez pas m'apprendre le nom de cet homme?... eh bien, moi, monsieur, je vais vous le dire : cet homme... c'est vous.

Ludger demeure stupéfait, mais il ne se sent plus la force de nier, et balbutie en baissant les yeux :

Eh bien... oui, monsieur... c'est moi!

— Enfin, vous en convenez !... Ah! je savais bien que vous m'avoueriez la vérité.

— Mon Dieu, monsieur, qui a pu vous faire deviner?...

— Ce jeune homme qui était là tout à l'heure m'a conté toute votre histoire; l'amour que vous éprouvez depuis longtemps pour la sœur de sa femme, amour qui est payé de retour... votre fortune, votre position misérable qui vous avait fait congédier par le père de votre jeune amie, puis enfin le changement survenu dans votre fortune, il y a six ans, et malgré cela vous ne demandez plus la main de celle que vous aimez toujours... Auriez-vous agi ainsi si vous aviez été encore libre?... Non... vous ne l'étiez plus... Ah! pouvais-je douter encore que vous fussiez cet homme qui avait contracté ce mariage mystérieux !...

— Monsieur de Charmeuse, de grâce, pardonnez-moi... j'étais sans ressource... sans occupation... M. Picardin m'avait ôté tout espoir de jamais devenir le mari de sa fille...

— Ne vous excusez pas, mon pauvre Ludger... encore une fois, ce n'est pas à vous que j'en veux maintenant; seulement plus de

3

feinte, plus de mensonges entre nous: vous savez à présent quelle est la personne que l'on vous a fait épouser?...

— Monsieur... je... en vérité... je n'ose pas le croire, et pourtant j'ai reconnu cette alliance qu'on m'a remise un peu avant la cérémonie en me défendant de l'ouvrir... mais je l'avais exprès rayée sur une balustrade.

— Oui, c'est la sœur du marquis de Ravageole, c'est Valentine... que j'aimais... que j'adorais... et qu'il m'a refusée à moi, ce perfide Gontran, et pour l'obliger à donner sa main à un inconnu, à quelqu'un qu'elle ne devait jamais revoir... Oh! tenez, Ludger, il y a là-dessous quelque machination diabolique... quelque infamie! dont je crois deviner une partie... Valentine est excessivement plus riche que son frère... une parente éloignée... ma marraine, je crois, lui avait légué toute sa fortune, s'élevant à plus de deux millions. Malheureusement, à la mort de son père, Valentine n'ayant pour tuteur son frère... et celui-ci, je n'en saurais douter, a joué, mangé, dissipé une grande partie de ces richesses qui appartenaient à sa sœur.

— Il serait possible, monsieur!...

— Rien n'est plus certain... Alors comprenez-vous? en me la donnant pour femme, ou en la mariant à quelqu'un de l'autre monde, il aurait fallu rendre ses comptes de tutelle, remettre Valentine en possession de son bien, tandis qu'en lui faisant épouser un homme qui disparaissait ensuite, un homme qui ne connaissait ni le rang ni le nom de la personne avec qui on le mariait, il n'y avait plus de compte à rendre, plus de dot... plus de millions à restituer... et puis encore, il y avait pour l'avenir la certitude que sa sœur ne se marierait jamais avec un autre.

— En effet, monsieur... tout peut s'expliquer ainsi; mais la conduite de ce marquis serait bien coupable!...

— Mais il vous connaît, lui, et depuis son retour d'Italie, il ne vous a donc pas rencontré chez sa sœur?

— Jamais, monsieur, il ne vient pas à l'heure où je donne mes leçons... je ne l'ai jamais aperçu en traversant la cour de l'hôtel... je ne monte pas par le grand escalier.

— Ecoutez Ludger, il faut nous liguer ensemble, il faut faire tout ce qui dépendra de nous pour rompre votre mariage.

— Ah! monsieur, je ne demande pas mieux!... Etre libre! pouvoir épouser ma chère Angelle... ce serait un si grand bonheur!... Que faut-il faire pour cela, monsieur?...

— Hélas! je n'en sais rien encore... mais de la prudence! continuez d'aller chez madame de Valgrave, surtout il ne faut pas laisser deviner que vous savez qu'elle est... votre femme... de mon côté, je ne lui dirai pas que c'est vous qui êtes le héros de l'aventure que vous lui avez contée.

— Il suffit, monsieur. Ah! j'aime bien mieux cela... je serais trop honteux, trop embarrassé devant madame la comtesse si elle savait toute la vérité!...

— En attendant, je verrai Gontran, moi, et quand il saura que je connais toute cette intrigue, peut-être consentira-t-il à nous seconder pour faire rompre cet affreux mariage!

— Ah! que le ciel vous entende, monsieur, et que je puisse enfin épouser celle que j'aime depuis si longtemps!

— Au revoir, monsieur Ludger, quand j'aurai besoin de vous faire agir, vous recevrez de mes nouvelles.

— Et je m'empresserai, monsieur, de faire ce que vous m'ordonnerez.

XV

ESPOIR DÉÇU.

Le même soir, Édouard de Charmeuse s'est rendu chez Valentine qui s'est empressée de lui demander s'il a trouvé le professeur et quel a été le résultat de leur entrevue.

— Je n'ai rien appris de nouveau, dit Édouard; maître Ludger persiste à nier en savoir davantage... mais je verrai votre frère et peut-être serai-je plus heureux de longtemps.

— Cela n'est pas probable, répond Valentine en soupirant. Et puis, après tout... à quoi cela m'avancera-t-il de savoir le véritable nom de l'homme auquel je suis liée?... en serai-je moins sa femme?

— Mais ce mariage n'a pas reçu toutes les sanctions voulues par les lois... vous n'êtes pas mariée à la mairie.

— Mon ami, croyez-vous donc que les serments faits devant Dieu soient moins sacrés que ceux faits devant les hommes?... Ah! vous ne me répondez pas, parce que vous sentez bien que j'ai raison! Je me regarde comme très-bien mariée.

Le lendemain, dans la matinée, M. de Charmeuse se rend à l'hôtel de Ravageole, mais cette fois, c'est chez Gontran qu'il se présente. Le marquis venait à peine de se lever, il avait passé une partie de la nuit, avait perdu au jeu une forte somme, et par conséquent était d'assez mauvaise humeur; il la faisait passer sur ses cigares, à chaque instant prenait un nouveau londrès dans une jolie boîte de bois des îles, et le rejetait dans la chambre, en s'écriant:

— Mauvais!... tous mauvais!... mais sapristi, où donc faudra-t-il s'adresser pour avoir de bons cigares?...

En voyant entrer Édouard, Gontran grimace un sourire, puis lui présente ses londrès, en lui disant:

— Ah! vous voilà, Charmeuse... eh bien tâchez donc d'en trouver un bon là-dedans, et vous aurez de la chance... moi, je n'en ai pas eu hier, de la chance, chez madame de Vergis... on a fait un lansquenet assez chaud... Ce diable de Germilly a gagné dix fois... douze fois peut-être... je me suis entêté, j'ai perdu cinquante mille francs!... Après tout, je les gagnerai une autre fois... la fortune est femme: Bien fol est qui s'y fie!... François n'y connaissait rien les dames... je crois même qu'il les a connues trop.

Édouard, qui a allumé un cigare, s'assied devant le marquis en disant:

— Ce n'est pas la première fois que vous perdez de grosses sommes au jeu; vous êtes coutumier du fait.

— C'est vrai! mais de votre côté, dites-moi donc, il me semble que vous n'alliez pas mal aussi, vous?

— Oui, jadis j'ai perdu mon patrimoine... ma fortune... mais néanmoins je n'ai jamais perdu que la mienne.

Gontran fronce le sourcil, en répondant:

— Qu'entendez-vous dire par là?... est-ce que j'ai emprunté à mes amis? est-ce que je vous dois quelque chose à vous?

— Non, pas à moi!... mais quand on a en main la fortune d'une pupille, que cette pupille est votre sœur, on ne se gêne guère pour se servir des millions que l'on a en caisse... pour les faire servir à ses folies, à ses passions.

Gontran se lève avec colère, et s'écriant:

— Par l'enfer! monsieur de Charmeuse, voilà des paroles qui demandent des coups d'épée, et vous savez bien que j'ai le plus vif désir de vous en distribuer quelques-uns.

— Oui, je le conçois, marquis de Ravageole, vous seriez enchanté de vous battre avec moi et de vous débarrasser ainsi d'un homme qui tient à mettre à jour votre conduite comme tuteur de votre sœur!... Mais je suis bien fâché de vous contrarier, je ne me battrai pas... non, pas à présent du moins, pas avant d'avoir fait savoir dans le monde quel homme vous avez choisi pour beau-frère... de quelle illustre famille est sorti l'époux que vous avez donné à votre pupille, et à vous sœur, après me l'avoir refusée, à moi, sous prétexte que j'étais ruiné.

— Ah! vous allez recommencer vos jérémiades au sujet du comte de Valgrave! je croyais que tout était fini entre nous à ce sujet!... Vous voulez y revenir!... A votre aise... je ne puis, moi, que vous répéter ce que je vous ai dit dans notre dernier entretien: tâchez de trouver Valgrave et tuez-le... oh! tuez-le, je vous le permets.

— Non, marquis, je ne tuerai point le comte de Valgrave, et par une excellente raison, c'est qu'il n'existe pas, c'est que le comte est un personnage fictif et entièrement créé par vous.

— Ah! Valgrave n'existe point! je l'ai inventé, en sorte que ma sœur n'est pas mariée, à votre compte?

— Oh! je ne dis pas cela... malheureusement! mais vous l'avez mariée à un pauvre diable, qui allait mourir de faim et qui, moyennant trente mille francs, que vous lui avez donnés, a consenti à faire tout ce que vous vouliez... à se marier sans connaître, sans même voir la personne qu'on lui faisait épouser, et à disparaître ensuite, en promettant de ne jamais revenir... ce qui, du reste, lui eût été difficile, puisqu'on ne lui avait bandé les yeux en vous l'amenant, et pris les mêmes précautions pour le reconduire.

Gontran change de couleur, et se promène dans l'appartement en proie à la plus vive agitation.

— Vous voyez que je suis bien instruit? reprend Édouard.

— Ensuite, monsieur? continuez, je vous en prie, c'est fort intéressant.

— Voulez-vous maintenant, marquis, que je vous dise le nom du mari de votre sœur? de monsieur votre beau-frère?

— Mais oui... je vous assure que je ne serais pas fâché de le savoir.

— Oh! vous le savez très-bien, quoique vous fassiez semblant de l'ignorer... Eh bien, marquis, cet homme se nomme Ludger Ficheclaque; il est d'origine allemande, et professeur de langues... c'est un fort honnête homme, du reste, mais qui ne s'attendait guère à devenir un jour le beau-frère de l'illustre marquis de Ravageole.

Gontran a pâli, ses mains se sont crispées: il hésite quelques instants à répondre; puis, avec le ton altier, fier, qui lui est habituel, s'écrie:

— Monsieur de Charmeuse, je trouve que vous vous immiscez beaucoup trop dans mes affaires de famille. J'ai marié ma sœur à qui j'ai voulu, avec qui j'ai voulu!... Une fois pour toutes, cela ne vous regarde pas, et vous n'avez point le droit de vous en occuper!... que son mari s'appelle Valgrave ou Ficheclaque... qu'il soit comte ou maître de langues, que vous importe, elle est mariée, voilà toute la question!... Que cela vous donne de l'humeur, je le conçois, mais il me semble que vous auriez dû depuis longtemps en prendre votre parti; et je ne vois pas trop à quoi cela vous sert de savoir le véritable nom du mari de Valentine!

— Pardonnez-moi, monsieur, car cela me donne le droit de vous dire: Vous m'avez refusé votre sœur, sous prétexte que j'étais ruiné, et vous la donnez à un pauvre diable auquel vous êtes obligé de compter trente mille francs pour acheter sa liberté et son silence. Votre sœur pouvait porter hautement le nom de Charmeuse, qui est celui d'une famille noble et justement honorée, et vous la condamnez à porter un faux nom ou à se nommer madame Ficheclaque! Quand on fait cela, monsieur, c'est qu'on a un motif secret... mais bien puissant pour agir ainsi... quand on abaisse sa maison en prenant un misérable pour beau-frère, c'est qu'on sait que celui-là ne nous demandera pas des comptes de tutelle... ne nous forcera pas à avouer que nous avons joué, dissipé, dilapidé une immense fortune qui ne nous appartenait pas...

Gontran fait un bond de colère... il cherche autour de lui, court décrocher des épées pendues au mur, et en jette une aux pieds d'Édouard en disant:

— Par l'enfer! monsieur, vous me rendrez raison de cette insulte... et je vais vous tuer...

— Vous me tuerez, c'est possible, mais pas à présent, à moins que vous ne m'assassiniez!... car je ne me battrai pas maintenant... ce serait trop niais de ma part! Si vous me forcez à me battre, je vous préviens que je ne le ferai qu'après avoir instruit le monde de votre conduite, qu'après avoir proclamé partout que madame votre sœur n'a jamais été comtesse de Valgrave, mais qu'elle est la femme du professeur Ludger Ficheclaque... et, pour qu'on ne doute pas de mes paroles, je conduirai partout avec moi le héros de cette aventure... Le pauvre professeur! oh! il ne me sera pas difficile de le trouver! J'ai passé hier la soirée avec lui, et il m'a dit qu'il se tenait à ma disposition, prêt à affirmer par sa présence tout ce que je dirai, tout ce que j'avancerai.

Gontran pose de côté l'arme qu'il avait prise et se rassoit, en disant d'un ton plus calme:

— C'est très-bien, monsieur de Charmeuse, agissez comme vous venez de le dire... faites savoir au monde tout ce qui s'est passé... déshonorez ma sœur... vous ne ferez que continuer ce que vous avez commencé, car vous ne manquerez pas, je l'espère, vous, qui voulez que l'on sache toute la vérité, de proclamer aussi que ma sœur était enceinte de vos œuvres, lorsque je jugeai convenable de la marier pour cacher sa position... Ce dernier fait, duquel vous voulez me poser en tyran, trouvera peut-être que je n'ai pas eu absolument tort de ne point vouloir pour beau-frère d'un suborneur qui n'avait cherché à séduire une enfant qu'afin de devenir le possesseur de sa fortune. On jugera entre nous... vous avez raison, il ne faut nous battre que lorsque la société sera bien au courant de toute cette histoire, et je pense que Valentine sera très-reconnaissante de ce que vous voulez faire pour elle. Quant à son fils, comme on saura que maintenant il ne doit pas prendre le nom de Valgrave, qui était supposé et ne lui appartient pas, je vais dès aujourd'hui ne plus l'appeler que le petit Ficheclaque, et ordonner à mes gens de ne jamais le nommer autrement!

Édouard est anéanti; il sent qu'il a affaire à un homme qu'il ne pourra vaincre, tandis que cet homme possède au contraire plusieurs moyens pour le forcer au silence. Déshonorer Valentine, rendre son fils ridicule, bâtard aux yeux du monde, cette idée seule le fait frémir; en voulant servir celle qu'il aime, c'est son malheur qu'il ferait: il lui a suffi de quelques instants pour comprendre tout cela, et sa colère est tombée, et il se lève, en disant à Gontran avec un accent plein de tristesse:

— Je me tairai, monsieur, je ne prononcerai plus le nom de... de cet homme. Je sens, en effet, qu'en voulant servir les intérêts de madame votre sœur, je pourrais lui causer des ennuis, des chagrins... et c'est cela, surtout qui me fait prendre la résolution de garder désormais le silence sur tout ceci.

— A la bonne heure!... vous voilà devenu raisonnable, j'aime mieux cela... car, en vérité, en dehors de cette histoire, je vous aime assez, Charmeuse... et c'est à contre-cœur que je vous aurais tué!

Édouard ne dit plus rien; il salue silencieusement le marquis, et s'éloigne le front chargé d'ennuis.

Le lendemain, suivant son habitude, il se rend chez Valentine; mais, quand celle-ci lui demande quel a été résultat de son entrevue avec son frère, il lui répond tristement:

— Rien de bon... vous aviez raison, chère Valentine, il n'y a rien à espérer de Gontran... et il n'y a pas moyen de réparer le mal qu'il a fait.

— J'en étais certaine, mon ami; que voulez-vous? il faut nous soumettre. Tant que j'aurai mon fils avec moi, tant que vous m'aimerez, je me trouverai heureuse. Croyez-moi, Édouard, cessez de questionner ce pauvre professeur... Que nous importe après tout de savoir le nom de l'homme!...

— Il est certain qu'en le sachant nous n'en serons pas plus avancés!

XVI

UN NOUVEAU PERSONNAGE.

Quand Édouard a quitté le marquis, celui-ci se jette sur sa causeuse et passe sa main sur son front en se disant:

— Mais comment diable Charmeuse a-t-il découvert tout cela... comment sait-il le nom de l'homme... Ludger Ficheclaque! Pardieu! c'est bien cela! c'est inconcevable!... ce n'est pas Valentine qui peut le lui avoir appris... elle l'ignore... elle ne peut rien savoir... Ce Ficheclaque a donc bavardé... manqué au serment qu'il m'avait fait... il est donc resté à Paris, au lieu de s'en aller en Allemagne comme il l'avait dit?... Après tout, je m'en moque... rien ne prouve qu'il sache que c'est chez le marquis de Ravageole qu'il a été conduit. Je ne crois pas Charmeuse capable de le lui avoir dit... non... il a tremblé, là, quand je lui ai fait comprendre qu'il allait perdre la sœur de sa réputation... Il aura été prudent avec le Ficheclaque, si toutefois il est vrai qu'il le connaisse... Ah! ce diable de Charmeuse a deviné la vérité... il a mis le doigt sur la plaie, en me disant que j'avais joué, dissipé les millions qui appartenaient à Valentine!... c'est à peine s'il m'en reste le quart... pourquoi diantre va-t-on nommer tuteur d'une millionnaire un jeune homme qui aime à s'amuser et qui a du malheur au jeu!... J'ai perdu! j'aurais pu gagner!... Fichtre! s'il me fallait rendre mes comptes de tutelle, je serais terriblement embarrassé.

Le valet de chambre de Gontran entr'ouvre la porte et dit:

— Monsieur le marquis, il y a là un homme... un particulier, qui demande à vous parler...

— Un particulier? qu'est-ce que tu entends par là, Germain?

— Dame, monsieur, j'entends... un individu qui n'est pas très-bien couvert... qui a une assez mauvaise mine... J'ai gageais que c'est quelqu'un qui vient implorer la générosité de monsieur le marquis...

— Ma générosité n'est point visible aujourd'hui; quand on a perdu la veille cinquante mille francs au baccarat, on a le cœur totalement sourd. Renvoie cet homme, je n'ai pas envie de l'écouter.

Le valet de chambre s'éloigne, mais il revient au bout de deux minutes.

— Qu'est-ce encore? dit Gontran.

— Mon Dieu! monsieur le marquis, c'est toujours la même chose; ce maudit homme est toujours là... il insiste pour parler à monsieur...

— Et vous n'avez pas pu le mettre à la porte, toi et les autres?

— Il prétend que monsieur ne sera pas du tout fâché de le voir... enfin, il a tiré une carte de sa poche... ce n'est pas une carte de visite, c'est le neuf de carreau ; il a demandé une plume et il a griffonné quelque chose dessus en me priant de donner cela à monsieur...

— Voyons ce neuf de carreau... ah ! le gaillard a des cartes sur lui... sapristi ! elle a trop servi celle-ci !...

Le marquis retourne la carte sur le dos de laquelle on a écrit assez mal le nom de Robertot. Quand il est parvenu à la lire, Gontran fait un mouvement de surprise, puis dit à son valet de chambre :

— Fais entrer cet homme... je veux bien le recevoir... et, pendant qu'il sera avec moi, tu auras soin que personne ne vienne nous interrompre.

Le particulier mal mis est introduit : c'est un homme d'une cinquantaine d'années, mais qui paraît en avoir davantage ; toutes les passions qui fatiguent, qui usent à la fois le corps et l'âme doivent avoir fait de profonds ravages chez ce monsieur : sa figure est assez commune, et ses yeux très-couverts ne préviennent pas en sa faveur. Il porte un vieux paletot, un vieux chapeau, des bottes à jour, enfin tout chez lui annonce la plus profonde débine.

Il entre en saluant bien humblement; puis, lorsqu'il est seul avec le marquis, se redresse, et tâche de sourire, en disant :

— C'est moi, monsieur le marquis... si je ne vous avais pas envoyé mon nom, je gage que vous ne m'auriez pas reconnu ?

— Ma foi non ! Comme te voilà fait ! mon pauvre Robertot ! il y a tout au plus six ans et demi que tu m'as quitté... et te voilà vieilli comme s'il y en avait quinze... Quand tu étais à mon service, tu étais gros et gras... tu avais le teint et même le nez fleuri ! aujourd'hui tu es blême et maigre comme un coucou ! Je défie bien qu'on reconnaisse en toi mon élégant valet de chambre d'autrefois !...

— Que voulez-vous, monsieur le marquis ? les malheurs, l'adversité... vieillissent encore plus vite que les années...

— Ah ! tu as eu des malheurs !... mais, pour te mettre à l'abri de l'adversité, lorsque tu m'as quitté, pour aller soi-disant fonder un restaurant français en Angleterre, je t'avais donné quinze mille francs pour récompenser tes bons services... avec cela et la pelote que tu devais déjà avoir faite chez moi, tu étais, ce me semble, en position de faire marcher ton établissement.

— Ah ! monsieur... d'abord la pelote que j'avais faite chez vous était bien légère !...

— Passons ! passons ! eh mon Dieu ! je ne te la reproche pas !... pour un valet de chambre adroit, les petits profits sont énormes !

— Eh bien, monsieur le marquis, je me rendis en effet en Angleterre ; là, je fondai un restaurant français à l'instar de nos *Brébant*, de nos *Peter* : pendant trois ans cela allait très-bien... je gagnais beaucoup d'argent, mais par malheur j'en dépensais le double avec de charmantes petites femmes qui trouvaient ma cuisine délicieuse, mes vins parfaits, et qui, après dîner, me gagnaient mes guinées à l'as de cœur, un petit jeu très-simple, mais auquel elles étaient très-fortes.

— Ah ! tu as joué aussi ! tout le monde s'en mêle...

— Quand je vis que je devais à mes fournisseurs environ deux cents livres sterling et que je n'en possédais plus que la moitié, je me dis : Puisque je ne puis pas payer le tout, il vaut autant ne rien payer du tout !...

— Joli raisonnement !... et qui sent son *Figaro* de Beaumarchais !

— Je me rendis en Écosse : je pensais que le peuple écossais, qui est beaucoup plus primitif que les Anglais, goûterait encore de ma cuisine française, et que mes soles normandes, mes bouchées à la Richelieu, obtiendraient là le plus brillant succès !... je me trompais... les farouches *higlanders*, ces messieurs qui méprisent les culottes, n'estiment que la bière et le rosbif. Dans mon dépit de voir que l'on ne prisait pas mes excellentes sauces, je me dis : Parbleu ! il faut traiter ces carnivores suivant leur goût, il faut leur faire manger quelque chose qui leur rappelle leurs montagnes. Je voulus me procurer un chameau ou tout au moins un ours que j'aurais fait rôtir, il me fut impossible d'en trouver. Je fus forcé de me contenter d'un âne, un fort bel âne que l'on me céda à bon marché. Je tuai, puis je dépeçai mon animal. Avec mon âne, je fis des bifteks, des aloyaux, des côtelettes; bref, je l'accommodai de différentes façons, et tout cela fut trouvé excellent !... mais ne voilà-t-il pas que le même soir toutes mes pratiques étaient malades... on avait des coliques, des nausées, des tortillements ! Il paraît que l'âne que l'on m'avait vendu était atteint d'une jaunisse, c'est pour cela que je l'avais eu à très-bon marché. J'espérais cacher mon invention culinaire, mais une servante bavarda :

on sut que j'avais fait manger de l'âne, on me mit à l'amende ; et, comme je n'avais pas de quoi la payer, on me fourra en prison !... c'était le bouquet !... j'y restai deux ans, monsieur, et ces deux ans qui me firent l'effet de dix années... Je vous écrivis, mon cher maître, pour vous supplier de venir à mon aide, de m'envoyer de l'argent...

— Je n'ai reçu aucune de tes lettres.

— Ou plutôt, monsieur le marquis, vous les aurez jetées au feu sans les lire, comme c'était votre habitude toutes les fois que je vous remettais une lettre qui ne venait pas d'une dame.

— Ah ! c'est encore très-possible.

— Enfin, on me mit à la porte de la prison... mais je n'avais plus le sou ! Je fus obligé pour vivre de faire tous les métiers... et encore eus-je de la peine à être employé, car en Angleterre, où les ramoneurs et décrotteurs sont en habit noir et en gants blancs, vous comprenez si l'on devait me trouver mal mis, moi !... Bref, tout en travaillant, je parvins à gagner Douvres... là, un brave capitaine qui avait souvent dîné chez moi, au temps de ma prospérité, voulut bien me passer gratis en France !... et... et me voilà, monsieur le marquis... je viens vous trouver, parce que je suis bien persuadé que vous ferez quelque chose pour moi.

Gontran fait une légère grimace, puis murmure :

— Tu ne tombes pas heureusement, mon pauvre Robertot ! j'ai perdu hier cinquante mille francs au baccarat !...

— Qu'est-ce que cela pour monsieur le marquis !...

— Comment ! qu'est-ce que c'est ? mais, pardieu, c'est toujours cinquante mille francs !...

— Je veux dire que la fortune de monsieur de Ravageole est assez considérable pour que cette perte ne puisse le gêner !...

— Tu crois cela, toi ?... sans doute j'ai encore de la fortune... mais elle est diablement écornée !...

— Le jeu a ses chances, monsieur le marquis gagnera peut-être demain le double de ce qu'il a perdu hier !

— Je l'espère bien, mon ami, mais que je gagne ou non, il faut toujours que je vienne à ton aide...

Gontran se lève, ouvre un secrétaire, y prend un portefeuille et en tire trois billets de banque qu'il donne à Robertot, en lui disant :

— Tiens, voilà trois mille francs... tu es satisfait, j'espère ?

M. Robertot ne paraît pas très-satisfait du cadeau. Cependant il met les billets de banque dans sa poche, en répondant :

— Oh ! sans doute... je suis satisfait... pour le moment !... car monsieur le marquis doit bien penser que ce n'est pas avec trois mille francs que je pourrai former le moindre établissement... ou essayer de quelque commerce !

Gontran comprime avec peine un mouvement d'impatience, il murmure d'un ton sec :

— Il y a des gens qui font leur fortune avec moins que cela !...

— Ils commencent de bonne heure, ceux-là... et moi, j'ai cinquante ans passés. N'importe, j'essayerai, et d'ailleurs, je suis bien persuadé que, si je ne réussis pas, monsieur le marquis aura toujours la même bonté pour moi et qu'il ne me laissera plus retomber dans la peine et me retrouver aussi misérable que je l'étais aujourd'hui en me présentant chez lui.

Ces derniers mots ont été prononcés avec une intention toute particulière et qui n'a point échappé à Gontran, aussi s'empresse-t-il de répondre :

— Oui, oui... soyez tranquille, Robertot, je serai toujours généreux avec vous...

— Je n'en ai jamais douté un seul moment !... Je vais donc avoir l'honneur de prendre congé de monsieur le marquis...

— Un moment, Robertot !

Celui-ci s'arrête et attend, mais comme quelqu'un qui, s'attendant à être retenu, est tout préparé à être interrogé.

Gontran est devenu sérieux, il semble réfléchir et ses sourcils froncés annoncent que ses réflexions sont graves. Il dit à voix basse :

— Robertot, j'espère que vous n'avez jamais parlé à qui que ce soit de ce qui s'est passé à ma propriété de Louveciennes, dans la nuit du 10 juillet ?

— Ah ! monsieur le marquis, pouvez-vous penser que je manquerais au serment que je vous ai fait en sortant de chez vous ! Jamais un mot de tout cela n'est sorti de ma bouche. Et, d'ailleurs, lors même que j'aurais eu la tentation d'être indiscret, ne serais-je pas retenu par mon intérêt, mon propre intérêt... est-ce que j'oserais me présenter devant monsieur le marquis et avoir recours à sa générosité si j'avais fait la sottise de parler ?...

— C'est juste, ton intérêt est d'être indiscret... par conséquent,

— Alors, monsieur, ce sont des coups d'épée, que vous désirez recevoir encore ? (P. 40.)

je puis compter sur ton silence, car l'intérêt est presque toujours le mobile de nos actions. Mais, dis-moi, Robertot, as-tu quelquefois revu, rencontré ce professeur, ce Ficheclaque que tu m'as amené cette nuit-là?

— Jamais, monsieur le marquis, jamais je ne l'ai aperçu depuis. Après cela, vous savez que j'ai passé presque tout mon temps en Angleterre. Est-ce que vous avez revu cet homme, monsieur?

— Non, je ne l'ai pas revu!... mais je ne comprends pas comment il se fait que Charmeuse... tu te rappelles Édouard de Charmeuse, un beau cavalier qui voulait épouser ma sœur?

— Oh! parfaitement, monsieur le marquis.

— Eh bien, Charmeuse... qui est maintenant de retour en France, sait que c'est un pauvre diable nommé Ludger Ficheclaque, que j'ai amené à ma sœur pour être son mari.

— En vérité! voilà qui est bien surprenant en effet... pour que M. de Charmeuse sache cela, il faut que ce Ficheclaque ait parlé... il avait cependant l'air d'un homme sur lequel on pouvait compter... Et madame votre sœur sait-elle aussi?...

— Non, je ne pense pas que Charmeuse lui ait dit cela... c'eût été humilier son amour-propre que de lui faire savoir qu'elle n'est pas, qu'elle n'a jamais été comtesse de Valgrave, que ce personnage est purement de mon invention.

— Alors, je ne vois pas en quoi tout ceci peut inquiéter monsieur le marquis?...

— Cela ne m'inquiète pas positivement; seulement j'aurais voulu savoir comment et par qui Charmeuse a été si bien instruit.

— Encore une fois, monsieur le marquis, ce ne peut être que par le professeur lui-même. Il avait cependant reçu trente mille francs pour se taire; c'était un assez joli denier! Mais tous les hommes ne sont pas fidèles à leur serment et ce n'est pas toujours ceux qu'on paye le plus qui gardent mieux un secret... ce n'est pas juste, d'autant plus que c'est celui qui possède le secret le plus important qui devrait être le mieux payé!...

Gontran ne répond rien, il se contente de froncer un peu le sourcil. Robertot le salue très-humblement et gagne la porte, lentement, à pas comptés, et comme quelqu'un qui espère être rappelé;

mais le marquis ne le rappelle pas, il se contente de lui dire:

— Bonjour, Robertot; tâche de faire fortune, mon garçon: un homme qui a tes moyens sait toujours se tirer d'affaires.

— Faire fortune! avec ces trois méchants billets de mille francs! se dit le ci-devant domestique du marquis en descendant le grand escalier. Il n'a pas été bien généreux, mon ancien maître... mais il faut me contenter de cela pour le moment. Après tout, quand j'aurais dépensé ceci, j'irai lui en demander d'autres, et il faudra bien qu'il m'en donne... il ne peut pas me refuser, car je le tiens, moi, oh! je le tiens bien!... Je puis donc être tranquille désormais sur mon avenir; j'ai dans M. le marquis une vache à lait qui ne me fera jamais défaut.

Tout en réfléchissant ainsi, Robertot était arrivé dans la cour de l'hôtel. Tout à coup il s'arrête... un homme vient d'y entrer, et la vue de cet homme l'a tellement saisi qu'il est demeuré stupéfait. C'était Ludger qui venait, suivant son habitude, donner leçon au petit Armand; il n'a nullement fait attention à Robertot, et, traversant la cour, disparaît par le petit escalier de service.

Mais Robertot l'a suivi des yeux, et, après l'avoir vu disparaître, il cherche s'il apercevra des gens de l'hôtel pour tâcher d'en obtenir quelques renseignements. Des valets étaient là, ils avaient regardé Robertot avec insolence lorsqu'il s'était présenté, mais depuis qu'on savait qu'il avait été reçu en audience particulière par M. le marquis, chez lequel il était resté assez longtemps, on se montrait fort poli, fort empressé à lui répondre.

— Quel est donc cet homme qui vient d'entrer dans la cour et a disparu par le petit escalier? demande Robertot; il me semble l'avoir déjà vu quelque part, mais je cherche en vain son nom!

— Cet homme? répond un valet de pied, c'est le professeur du fils de madame la comtesse... il vient trois fois par semaine donner leçon au petit Armand... il se nomme... attendez... c'est un drôle de nom... Ficheclaque! c'est cela... c'est le professeur Ficheclaque; le connaissez-vous?

Robertot réfléchit un instant, puis répond:

— Non... non... je m'étais trompé, je ne le connais pas,... et il passe donc de préférence par le petit escalier?

— Oui, parce qu'il arrive tout de suite chez son élève, sans avoir à traverser tous les appartements de madame la comtesse.
— Ah! c'est juste... c'est plus commode... Merci, messieurs, merci.
Robertot s'éloigne en se disant :
— Voilà un hasard bien singulier! à coup sûr, si la sœur du marquis savait quelque chose, elle n'aurait pas donné ce Ficheclaque pour professeur à son fils... et, assurément, M. de Ravageole ignore cette circonstance... il n'aura jamais rencontré le professeur. Irai-je lui faire part de cette découverte?... à quoi bon?... en ce moment je n'obtiendrais pas de lui mille francs de plus!... Gardons cela pour plus tard, cela pourra toujours me servir.

XV

UN TEMPS D'ARRÊT.

Après l'entretien qu'il avait eu avec M. de Charmeuse Ludger, tout joyeux, s'était empressé de se rendre près de sa chère Angelle, et lui avait dit :
— Espérons, ma fidèle amie, espérons... je viens de recevoir la visite de quelqu'un qui va s'occuper de me rendre ma liberté... et par conséquent de la rendre aussi à madame de Valgrave... qui n'a jamais été madame de Valgrave... puisqu'elle est madame Fich..... mais c'est justement cela qu'il ne veut pas qu'elle soit, et vous comprenez bien, de mon côté, je ne demande pas mieux que de ne plus être le mari de cette dame... car en redevenant libre, je pourrai enfin vous épouser, chère Angelle, je pourrai, en vous nommant ma femme, reconnaître cette constance, cette tendresse que vous avez bien voulu me conserver, malgré toutes les apparences qui m'accusaient, qui m'auraient perdu près d'un cœur moins aimant que le vôtre!...
— Quoi! vraiment, Ludger, s'écrie Angelle, qui ne demande pas mieux que de saisir cette espérance qu'on lui donne, vous pensez que l'on pourra rompre cette union que l'on vous a fait contracter d'une façon si mystérieuse?
— Je l'espère du moins, car celui que je quitte, M. de Charmeuse, a tout autant d'intérêt que moi à ce que madame la comtesse soit libre : il l'aime tendrement, et il est aimé, et vous comprenez bien que je me trouve là... comme un mur qui les sépare... qui les empêche d'être heureux.
— Et que va faire ce M. de Charmeuse pour briser les obstacles qui nous séparent?
— Mon Dieu! je ne sais rien encore... c'est-à-dire, il va voir le frère de la comtesse... ce terrible marquis de Ravageole dont tout le monde a peur... Mais il paraît qu'il n'en a pas peur lui!... il va lui parler... le supplier... le... enfin, il sait peut-être des choses qui rendront ce marquis plus traitable. Si tout le monde était d'accord, avec de belles protections, on parviendrait peut-être à faire casser ce malheureux mariage!...
— Ah! mon ami!... puisse le ciel vous entendre!
Et comme en amour il suffit souvent d'une lueur d'espoir pour nous faire voir tout en rose, Angelle retrouve pendant quelque temps sa gaieté, ses belles couleurs, son humeur enjouée d'autrefois, et Jolichose dit à sa femme :
— Vois-tu, il fallait que tu devinsses ma conjointe pour que ce flâneur de Ludger se décidât à parler aussi du mariage... il voit que nous sommes heureux, que ça va bien... que je vais être père... il se dit : Décidément, il faut que je le devienne aussi.
— Mais, dit Ludger, Cloud, le professeur n'a pas encore dit qu'il allait épouser Angelle.
— D'abord, ma chère amie, je vous avais priée de ne jamais m'appeler Cloud?... à moins de boulettes graves de ma part... et j'ose croire que je n'en ai point commis... Est-ce parce que je vous ai fait un enfant que vous me mettez ce Cloud en avant?... il me semble que j'en avais le droit... je dirai même plus : c'était mon devoir! Est-ce parce que...
— Assez! assez! monsieur Jolichose; vous devenez beaucoup trop raisonneur!...
— Pourquoi m'as-tu appelé Cloud?
— Parce que cela m'a fait plaisir apparemment... va donc à tes confections...
— C'est égal, mon fils s'appellera Oculi et ma fille Balbine.
— Jamais, monsieur, jamais! ma fille se nommera Angelle comme ma sœur, qui sera sa marraine; et si j'ai un fils, il s'appellera Edmond, parce que c'est gentil ce nom-là... et que je l'ai toujours aimé.
— Alors, ce n'est pas la peine d'avoir des parrains si tu donnes les noms toi-même. Quand le professeur épousera ta sœur, si, comme je l'espère, on me choisit pour être le parrain de leur enfant, il faudra bien qu'il porte le nom que je lui donnerai.
— Et comment l'appelleras-tu?
— Je l'appellerai : *C'est-bien-heureux*! Hein! comprends-tu la plaisanterie?
— Il me semble que : *C'est-bien-heureux*! ce sera long pour un nom de baptême!
— Pas plus long que Hyacinthe ou Pantaléon!...
— Et si c'est une fille?
— Eh bien, ça sera : *C'est-bien-heureuse*!...
— Ah! mais cela ne va plus du tout!...
— Bah! tous les noms vont; on s'y habitue.
— Au reste, si c'est quand ma sœur sera mariée au professeur, je crois que tu as le temps d'en chercher un autre!
— Et moi, je te répète que cela ne peut pas tarder; parce que notre ami Ludger, qui était toujours si sérieux, si grave, a maintenant un air tout guilleret... Et dernièrement, en entrant chez M. Picardin, lui, qui ne chantait jamais, je l'ai entendu fredonner entre ses dents..
— Quelque chose de gai?
— Je crois bien!... *Malbrouck s'en va-t-en guerre*!
Mais, au bout de quelque temps, l'air joyeux du professeur a disparu; il ne fredonne plus entre ses dents; il est redevenu sérieux, triste comme ci-devant. Il en est de même de la douce Angelle; cette gaieté qui avait un moment brillé dans ses yeux et ranimé son charmant visage, a cédé de nouveau sa place à un air mélancolique et languissant. Ce revirement est la suite d'un autre entretien que Ludger a eu avec M. de Charmeuse, et dans lequel celui-ci, au lieu de lui conserver les espérances qu'il lui avait fait entrevoir, a dû lui avouer, au contraire, que d'après les paroles qu'il avait échangées avec le marquis de Ravageole, il fallait renoncer à l'espoir de rien changer dans la situation qui leur était faite, tout en recommandant de nouveau au professeur de ne jamais laisser deviner à la comtesse qu'il était le héros de l'histoire mystérieuse qu'il lui avait racontée.
Ludger s'était incliné profondément en répondant à Édouard :
— Comptez sur ma discrétion, monsieur; je ne sais rien, je ne veux plus me souvenir de rien concernant cette malheureuse affaire. Je ne suis et ne serai jamais pour madame la comtesse que le professeur de son fils et son humble serviteur.
Puis le pauvre Ludger était revenu près d'Angelle, l'air consterné, la voix tremblante, lui conter la perte de leurs dernières espérances. La belle fille s'était résignée, elle savait être aimée et n'avoir point de rivale. Les femmes se résignent toujours quand elles sont certaines d'occuper seules notre cœur; pour elles c'est là le point le plus important.
Mais Léonie n'avait pas tardé de dire à son mari :
— Eh bien, ce mariage de ma sœur... n'avais-je pas raison de dire qu'il n'était pas encore fait?... rien n'annonce qu'on y songe maintenant.
— Ma foi, ma bonne amie, avec ces amoureux-là, c'est à n'y rien comprendre, reprend Jolichose; c'est à se casser le nez contre un bondon de Neufchâtel. Encore, ta sœur... on le sait pas à elle que j'en veux... je la plains, la malheureuse!... Mais le professeur... je commence à avoir de tristes idées sur son individu... Ce pauvre garçon... il est probable qu'il ne poserait pas pour le *Spartacus*!...
— Assez! Jolichose!... ou je vais vous appeler Cloud!...
— Ce qu'il y a de certain, c'est que je ne lui casserai plus la tête à chercher un nom pour leur progéniture... et je crois qu'ils se contenteront du nom de Zéro.
Trois mois se sont écoulés sans apporter aucun changement dans la position respective des personnes qui figurent dans cette histoire. Valentine est allée s'établir à la campagne avec son fils; mais malgré l'invitation qu'on lui a faite d'aller y passer quelque temps, le professeur ne s'y est point rendu. Il a pensé, avec raison, que là il ne pourrait manquer de se trouver avec le marquis de Ravageole, et quoiqu'il ne connaisse pas ce monsieur, il est probable que celui-ci le reconnaîtrait, et que la vue de maître Ficheclaque ne lui serait nullement agréable. M. de Charmeuse a été le premier à conseiller au professeur de ne point aller à Montchauvée; et Ludger qui serait désolé de causer la moindre peine, la plus

légère contrariété à la comtesse, est presque décidé à ne plus retourner chez elle à Paris, et à cesser de donner des leçons au petit Armand, afin de rompre entièrement ses relations et toutes visites à l'hôtel de Ravageole.

Mais Valentine est revenue de sa campagne plus tôt que de coutume, parce que son fils s'y déplaisait. Le petit garçon, qui aimait beaucoup Ludger, s'est ennuyé de ne plus le voir ; puis, il avait pris goût aux leçons qu'il recevait ; il commençait à lire, ce qui flattait beaucoup son amour-propre, et chaque jour il s'écriait :

— Si mon professeur ne vient plus me voir, j'oublierai ce que je sais ; et, au lieu de faire des progrès, je redeviendrai un âne comme avant ! Mais je veux être savant... et je veux qu'on fasse revenir Ludger.

De retour à Paris, la comtesse avait essayé de faire venir un autre professeur ; mais alors Armand avait poussé de grands cris, pleuré, trépigné des pieds et jeté dans la chambre ses plumes et son écritoire, en disant :

— Je veux apprendre avec Ludger, je ne veux pas étudier avec d'autres... je veux qu'on me rende mon ami... celui qui m'apprend si bien... et que j'aime tant... je serai malade s'il ne vient plus me voir.

Alors Valentine avait dit à Édouard :

— De grâce, allez trouver M. Ludger ; priez-le de revenir, car Armand ne veut étudier qu'avec lui... Il tombera malade si son professeur ne vient plus, et je ne veux pas que mon fils soit malade.

Et M. de Charmeuse s'était aussitôt rendu chez Ludger, et lui avait dit :

— Veuillez revenir à l'hôtel Ravageole, reprendre vos leçons au petit Armand... Cet enfant vous aime ; il vous demande à grands cris... ne le laissez pas se chagriner.

Il est toujours doux d'être aimé... même d'un enfant ! Ludger avait essuyé une larme tombée de ses yeux, en répondant :

— Il suffit, monsieur, j'irai... j'irai dès demain, et comme par le passé je donnerai des leçons à ce cher petit.

En effet, dès le lendemain, le professeur retournait à l'hôtel Ravageole, où il était embrassé, fêté, caressé par le petit Armand, enchanté de le revoir. Les enfants aiment si bien !... il n'y a pas encore de mélange dans leur affection.

Et depuis un mois, Ludger se rendait comme auparavant, trois fois par semaine, à l'hôtel de Ravageole, montait le petit escalier de service qui le menait tout de suite chez son élève ; lorsqu'un matin, bien qu'il ne fût que onze heures à peine, Gontran, qui, ce jour-là, s'était levé et habillé plus tôt qu'à son ordinaire, parce qu'il voulait monter à cheval, se trouve passer dans la cour au moment où le professeur y entrait.

Ludger avait de ces tailles hautes, de ces figures longues que l'on remarque. Celui-ci, qui ne l'a pas même aperçu, va traverser la cour, lorsqu'il se sent touché à l'épaule.

— Monsieur... où donc allez-vous par là ?

Ludger s'arrête, regarde ce beau monsieur qui le toise d'une façon singulière, devine sur-le-champ qu'il est devant le marquis de Ravageole, et salue profondément en répondant :

— Monsieur, je vais, comme à mon ordinaire, donner une leçon au fils de madame la comtesse de Valgrave...

— Ah ! vous êtes le professeur d'Armand !... pardieu ! voilà qui est original !... Me connaissez-vous, monsieur ?

— Je n'ai pas cet honneur... mais je présume que j'ai l'avantage de saluer monsieur le marquis de Ravageole...

— Très-bien... et votre nom, à vous...

— Ludger Ficheclaque, bachelier ès lettres, professeur de langues... et d'écriture au besoin.

— Qui donc vous a introduit chez ma sœur ?

— Monsieur le marquis, c'est par l'entremise de mademoiselle Angelle Picardin, qui brodait pour madame la comtesse... On m'a proposé de commencer un enfant... j'ai accepté.

— Et y a-t-il longtemps que vous êtes professeur d'Armand ?...

— Près de six mois monsieur le marquis ; mais nous avions interrompu pendant son séjour à la campagne...

— Et vous revenez ?...

— Depuis un mois à peu près...

Gontran réfléchit quelques instants, puis il reprend :

— C'est bien, monsieur, c'est bien... allez donner votre leçon !...

Ludger salue et poursuit son chemin. Le marquis se décide alors à monter à cheval, tout en se disant :

— C'est singulier... cet homme venait ici depuis six mois... il faudra que je le fasse mettre à la porte.

XVIII

UNE REVANCHE.

Pendant sa promenade à cheval, Gontran a beaucoup pensé à la singulière rencontre qu'il a faite le matin, et il est toujours très-décidé à faire remercier le professeur de son neveu ; il ne veut pas que ce soit maître Ludger Ficheclaque qui continue à se charger d'instruire le petit Armand.

Mais au Bois, le marquis rencontre un de ses amis, grand joueur, bon vivant et aimant le plaisir autant que lui. Celui-ci vient chevaucher à son côté et lui dit :

— Je pense que nous nous rencontrerons aussi ce soir, marquis ?

— Où donc cela, mon cher de Sienne ?

— Mais, chez madame de Vergis, où nous taillerons un petit bacarat.

— Chez madame de Vergis ?... je n'y suis pas heureux... Il y a comme cela des maisons qui nous sont fatales à nous autres joueurs...

— Je présume que vous ne croyez pas à la fatalité, vous, Gontran ?

— Pourquoi donc ? quand on est joueur, mon cher, on croit à tout, on devient extrêmement superstitieux... Ah ! cela vous fait rire !... Cependant, si vous allez ce soir chez madame de Vergis, j'ai bien envie de braver encore la fatalité...

— Oui, j'y vais, d'autant plus que je serai bien aise de revoir Grézicourt... et je sais qu'il y sera...

— Grézicourt... à qui j'ai donné un assez joli coup d'épée l'hiver dernier ?

— Lui-même ; il a été assez longtemps à se guérir... il a été prendre des eaux... je ne sais où...

— Ah ! ce pauvre Grézicourt ! pardieu, moi aussi je serai enchanté de le revoir ! Il se bat bien mal ; oh ! il se bat d'une façon pitoyable... mais il est très-brave... et très-curieux, autant que je me rappelle... Allons, c'est décidé ; ce soir j'irai chez madame de Vergis.

Les salons de madame de Vergis étaient le rendez-vous d'une société nombreuse et brillante ; il y avait de jolies femmes et des dames bel esprit, de l'ancienne noblesse du faubourg Saint-Germain, des gens de la haute finance, des hommes qui donnaient le ton à la mode, et les moutons de Panurge qui faisaient ce qu'ils voyaient faire à un personnage en renom, avant pour avoir une opinion, qu'un personnage en renom l'eût parlé ; enfin il y avait quelques artistes en vogue, quelques hommes de lettres, mais ces derniers en très-petite quantité : les gens d'esprit se sentent perdus dans ces grandes réunions, et en général ils aiment à se retrouver.

La soirée était dans tout son éclat lorsque le marquis de Ravageole entre d'abord dans les salons. Après avoir serré la main à quelques intimes, il entend un petit rire sec, saccadé, donné dans un ton de fausset, et qu'il fait sur-le-champ reconnaître celui qui se livre à cette démonstration : c'était en effet M. de Grézicourt qui, assis près de quelques dames, venait d'apercevoir Gontran et s'était livré à sa gaieté railleuse, en s'écriant :

— Tiens !... c'est monsieur de Ravageole !... Ah ! je suis enchanté de le revoir... je vais lui demander des nouvelles de sa sœur.

Gontran a fait quelques pas vers Grézicourt et le salue gracieusement, en lui disant :

— Enchanté de vous revoir, monsieur de Grézicourt !...

— Moi de même, monsieur le marquis.

— Et vous allez tout à fait bien, vous êtes entièrement remis de... votre blessure ?

— Entièrement, marquis, et tout prêt à recommencer !...

Gontran sourit en répondant :

— Oh ! je présume que cela n'est pas nécessaire !...

— Eh, eh ! on ne sait pas, marquis, on ne sait pas !... Et madame votre sœur, cette charmante comtesse de... de Valgrave, est-ce que nous n'aurons pas le plaisir de la voir ?...

— Je ne crois pas. Vous savez que ma sœur va très-peu dans le monde...

— Ah ! c'est vrai... depuis son veuvage... mais pourquoi donc ne se remarie-t-elle pas ?... rester veuve... si jeune et si belle... franchement cela ne se comprend pas... à moins que M. de Valgrave ne soit pas tout à fait mort ?...

Les dames qui sont près de M. de Grézicourt partent d'un fou rire. L'une d'elles s'écrie :

— Il n'y a que M. de Grézicourt pour avoir de ces idées-là !... le voilà qui veut faire revivre les morts... rendre aux veuves leurs maris... prenez garde !... savez-vous bien qu'il y a des veuves qui auront peur de vous !... Quand on s'est bien désolé, qu'on a bien pleuré son mari, c'est une chose faite, on prend ensuite son parti, on tâche même de se distraire... de se consoler... et ma foi, alors, si le mari reparaissait... je ne sais pas s'il causerait une surprise bien agréable... il y a même des occasions où il pourrait gêner beaucoup, où l'on pourrait bien lui dire : Mon cher ami... vous avez fait le mort... et maintenant vous ne l'êtes plus, c'est une très-mauvaise plaisanterie... Tant pis, votre place est prise, il ne fallait pas la quitter...

— Bravo, mesdames, bravo !... enchanté de connaître votre manière de regretter les défunts... mais je suis bien tranquille avec madame de Valgrave, je suis persuadé qu'elle ne craint pas que je lui rende son mari !...

Gontran n'a pas jugé convenable de se mêler à cette dissertation, il s'est contenté d'écouter, puis il s'éloigne, en se disant :

— Je crois vraiment que ce petit Grézicourt a envie de recommencer... Ah! qu'il y prenne garde, il m'ennuie ce monsieur... et si nous nous battons encore... cette fois je ne le ménagerai pas.

Les parties se sont engagées, puis on fait de la musique, on danse dans un autre salon. Gontran n'a pas plus de chance qu'à l'ordinaire. Ennuyé d'être battu au bacarat, il vient se mettre à une table d'écarté, et là, à sa grande surprise, vient de passer plusieurs fois. Son adversaire se lève en disant :

— Décidément, marquis, vous avez une veine... je ne veux pas continuer... vous ne gagnez pas souvent, mais quand vous avez la chance pour vous, ah ! vous la tenez bien... j'ai perdu trois mille francs, je m'en tiens là... qu'un autre essaye de lutter avec vous.

— Eh bien, monsieur, dit Gontran, j'attends un adversaire... Quoi !... personne ne se présente, et, pour la première fois que la fortune m'est favorable... on n'ose plus se mesurer avec moi ?...

Mais le petit rire sec de M. de Grézicourt se fait entendre, et ce monsieur s'approche de la table de jeu, en disant :

— Que dit donc M. de Ravageole ?... que personne n'ose se mesurer avec lui ?... Oh ! quelle plaisanterie !... Mais me voilà, moi, et très-disposé à être son adversaire...

— Venez, monsieur de Grézicourt, venez vous mettre là, s'écrie Gontran ; vous êtes un brave, vous, et ma veine ne vous fait pas peur.

— Oh! pas du tout... d'ailleurs j'ai une revanche à prendre avec vous...

— Celle-ci ne sera pas dangereuse, je l'espère...

— Eh, eh ! on ne sait pas... Quel est votre jeu, marquis ?

— Ce que vous voudrez... cinq cents francs, cela vous va-t-il ?

— Va pour cinq cents francs... d'ailleurs, nous pourrons varier.

Le jeu s'engage : M. de Grézicourt perd deux parties.

— Décidément, vous êtes en veine, dit-il.

— Voulez-vous que nous doublions l'enjeu ?... Je tiendrai tout ce que vous voudrez...

— Vraiment ! Eh bien, voulez-vous me jouer le château de monsieur votre beau-frère, le comte de Valgrave ?... ça me ferait bien plaisir de le gagner.

Gontran fronce le sourcil, mais tâche de sourire, en répondant :

— Vous me proposez là une singulière partie... Vous voulez que je vous joue quelque chose qui ne m'appartient pas...

— Je présume que ce qui appartenait au comte est revenu à sa veuve... Or donc, comme vous êtes, je crois, le gérant des biens de la comtesse, vous pouvez parfaitement me jouer un des domaines de feu son époux... Aimez-vous mieux le vendre que de le jouer ?... Eh bien, dites-moi votre prix, nous pourrons nous arranger ; j'ai le plus vif désir de posséder quelque chose qui ait appartenu au mystérieux comte de Valgrave, sur lequel, dans un voyage en Allemagne, je n'ai pu obtenir le plus léger renseignement.

Gontran froisse dans sa main les cartes qu'il tenait, et répond à demi-voix, mais en accentuant ses paroles :

— Monsieur de Grézicourt, est-ce pour me dire tout cela que vous vous êtes placé à cette table d'écarté ?

— Peut-être, monsieur le marquis, peut-être !... Vous savez que j'ai toujours eu le plus vif désir de me renseigner sur le comte de Valgrave que personne n'a vu... et qui m'a empêché d'épouser madame votre sœur... dont j'étais fortement épris...

— Monsieur, vous même que ma sœur n'aurait point épousé le comte de Valgrave, vous pouvez être persuadé qu'elle n'aurait pas voulu de vous.

— On ne sait pas, marquis !... Madame votre sœur écoutait favorablement M. de Charmeuse, je le sais, mais M. de Charmeuse était ruiné, et venait de s'expatrier ; j'avais donc quelque chance d'arriver, lorsque tout à coup vous emmenez votre sœur... on ne sait où... et la mariez à un soi-disant comte de Valgrave... que personne ne connaît... que personne n'a vu... et qui, à ce que je crois, n'a jamais existé !...

— Avez-vous fini, monsieur ?...

— Ma foi, non, quand je suis sur ce chapitre-là, je m'amuse beaucoup... et j'aime à m'y étendre...

— Mais, cela ne m'amuse pas, moi, d'écouter toujours les balivernes qu'il vous plaît de me débiter sur ce sujet. Je croyais, monsieur, vous avoir donné sur ce chapitre une leçon qui aurait dû vous empêcher de renouveler vos mauvaises plaisanteries...

— Une leçon ! qu'est-ce à dire ?... Est-ce que je reçois des leçons, moi !... des coups d'épée, à la bonne heure, cela s'accepte... mais des leçons... jamais !...

— Alors, monsieur, ce sont des coups d'épée que vous désirez recevoir encore ?...

— Recevoir ou donner, marquis, on ne peut pas être sûr de ce qui arrivera... la chance tourne... par exemple, vous perdez toujours, vous gagnez ce soir... Vous voyez bien que la fortune varie... vous avez été vainqueur dans notre dernier duel... c'est à mon tour de l'être maintenant...

— C'est donc bien sérieux, monsieur de Grézicourt ? vous voulez encore une rencontre avec moi ?

— A moins que vous ne consentiez à me vendre un domaine ayant appartenu au feu comte de Valgrave...

Gontran réprime avec peine un mouvement d'impatience, mais il se penche vers son vis-à-vis, et lui dit à voix basse :

— A quelle heure, monsieur, aurai-je le plaisir de vous rencontrer à la porte de Saint-Mandé ?

— Mais à dix heures, si vous le voulez bien, marquis ; ce n'est ni trop tôt ni trop tard, et l'on a le temps de se lever.

— C'est convenu, monsieur, demain j'y serai à dix heures, avec mes témoins.

Cette conversation n'avait été entendue de personne, car on s'était aperçu que, depuis quelque temps, ces messieurs avaient cessé de jouer et causaient à voix basse. On s'était éloigné de la table d'écarté.

M. de Grézicourt s'est levé et va papillonner autour des dames. Le marquis va se placer au lansquenet, où il perd tout ce qu'il avait gagné à l'écarté, puis il s'approche d'un de ses intimes amis, et lui dit à l'oreille :

— Je me bats demain matin, je compte sur toi et ton frère... Je vous attends à neuf heures chez moi.

— Très-bien, c'est entendu, cher ami, tu peux compter sur nous. Et avec qui donc te bats-tu ?

— Avec M. de Grézicourt.

— Comment ! encore ?... il n'est donc pas content du coup d'épée que tu lui as déjà donné ?

— Il paraît que cela ne lui suffit pas ; aussi cette fois je tâcherai de lui faire bonne mesure.

— Est-ce qu'il s'agit d'une dame ?

— Non, non !... Oh ! c'est pour un motif sérieux, et que je tiens à ne point expliquer. A demain, je compte sur toi et ton frère.

— C'est convenu, pour une affaire d'honneur on est toujours exact.

Gontran est rentré chez lui, il se couche en se disant :

— Ce petit Grézicourt a le diable au corps, son entêtement, son obstination à me parler toujours du comte de Valgrave mérite une correction ; tant pis pour lui si cette fois il la reçoit un peu rude. Il faut en finir... Après ce duel, je m'occuperai de ce Ficheclaque, qui est le professeur de mon neveu, et je le consignerai à la porte de l'hôtel... Cet homme ne doit plus y mettre les pieds.

Le lendemain, à neuf heures du matin, le marquis voit arriver ses deux témoins : ces messieurs viennent assister à un duel comme s'il s'agissait d'une partie de plaisir, et se permettent de nombreuses plaisanteries sur l'adversaire de Gontran, qui ne sait pas faire des armes et veut lutter contre un des meilleurs tireurs de Paris.

— Oui, j'en conviens, dit Gontran, et cela me contrarie beaucoup; il n'y a pas de mérite à vaincre un adversaire aussi faible. Ah! si je me battais contre Charmeuse ou contre l'un de vous, messieurs, à la bonne heure, ce serait un véritable assaut!... Mais ce petit Grézicourt va se laisser toucher à la première botte... Cela me gênera, je vous certifie que cela me gênera beaucoup, et cependant je veux qu'il reçoive cette fois une bonne leçon.

On monte dans l'équipage du marquis, et l'on est bientôt au lieu du rendez-vous. M. de Grézicourt s'y trouvait déjà avec ses témoins, ce qui pique Gontran, qui s'écrie :

— Messieurs, il est à peine dix heures, je ne pense pas que nous soyons en retard?

— Non, marquis, non, vous n'êtes point en retard! dit Grézicourt, seulement, moi, j'étais bien aise d'être en avance. C'est un si grand honneur pour moi de me battre avec vous, que vous ne devez pas être surpris que j'y mette cet empressement. Eh! eh! je!

— Eh bien, messieurs, cherchons un endroit convenable pour la conversation que nous voulons avoir.

On entre dans le bois, et on s'arrête dans un endroit isolé où se trouve une espèce de clairière.

— N'allons pas plus loin, dit Gontran. Monsieur de Grézicourt, je pense que vous avez dit à vos témoins qu'ils n'étaient ici que pour la règle... mais que tout était d'avance convenu entre nous?

— Oui, marquis, ces messieurs savent qu'ils ne sont que simples spectateurs; l'un deux est chirurgien... je pense à tout... Nous nous battons à l'épée... cela va tout seul. Quant aux armes, je prendrai une de vos épées, vous choisirez une des miennes...

— C'est parfait.

Les épées sont choisies; les deux adversaires mettent habit bas.

— J'y suis, marquis, dit M. de Grézicourt en se mettant en garde.

Et Gontran sourit en regardant son adversaire.

— Diable!... mais je crois que vous avez pris des leçons...

— Peut-être, marquis... peut-être!...

— J'en serais enchanté... car, au moins, vous sauriez vous défendre!...

— Ne vous occupez pas de moi, marquis... et défendez-vous vous-même.

En disant cela, M. de Grézicourt attaque avec impétuosité son adversaire. Gontran, un peu surpris, se contente d'abord de parer, tout en disant :

— Oh! mais, vous avez appris, monsieur; c'est mieux... c'est infiniment mieux que la dernière fois!

— Trouvez-vous, monsieur?... et ceci?...

Toujours persuadé que dès qu'il le voudrait il toucherait son adversaire, le marquis mettait de la mollesse dans son jeu et ne se méfiait pas des attaques de M. de Grézicourt, qui par une feinte a écarté l'épée de Gontran, se fend tout à coup et lui enfonce sa lame dans la poitrine.

— Ah! superbe!... magnifique! dit Gontran en tombant; qui diable se serait attendu à ce coup-là!... où l'avez-vous appris?... Ah! je...

Mais le blessé ne peut en dire davantage; le sang l'étouffe. On le porte dans sa voiture; le chirurgien s'y place près de lui. Les deux témoins du marquis l'interrogent du regard, mais il secoue la tête d'une façon qui n'est nullement rassurante.

Arrivés à l'hôtel, on transporte le marquis sur son lit. Le médecin examine alors sa blessure, puis lui fait prendre un cordial qui le ranime. Gontran ouvre les yeux et murmure :

— Je me sens bien faible!... bien mal!... Que pensez-vous de mon état, docteur?

— Si vous avez quelques dispositions à prendre... hâtez-vous, monsieur, car d'un moment à l'autre vous pouvez ne plus en avoir la force...

— Il suffit... Que l'on avertisse ma sœur... qu'elle vienne sur-le-champ près de moi... Allez! qu'elle se dépêche...

Valentine arrive tout éplorée; elle ignorait le duel de son frère... elle venait seulement d'apprendre qu'on l'avait rapporté blessé, mais elle ne croyait pas que sa vie fût en danger.

— Monsieur, dit Gontran au chirurgien, veuillez me laisser quelques minutes avec ma sœur... il faut que je lui parle sans témoins... puissé-je en avoir la force!...

Le chirurgien sort de la chambre. Valentine s'approche du lit en versant des larmes. Gontran lui tend la main, en lui disant :

— Ne pleure pas ma mort... je suis un misérable... je t'ai à peu près ruinée... j'ai joué... perdu ta fortune...

— Oh! je te pardonne, mon frère... que ceci ne te cause aucun remords...

— Mais tu ne sais pas tout... j'ai un grand secret à te révéler... Ne voulant pas que... Ah! mon Dieu!... je n'ai plus la force... Valentine... tu...

Gontran fait un violent effort pour parler, mais cet effort achève de l'épuiser; ses yeux se ferment, sa tête retombe en arrière; Valentine, effrayée, appelle du monde. Le docteur revient, il court vers le blessé... il essaie de le ranimer, mais en vain... Le marquis de Ravageole venait d'expirer.

XIX

ENCORE ROBERTOT.

Plusieurs semaines se sont écoulées depuis la mort de Gontran. Valentine a chargé M. de Charmeuse de mettre de l'ordre dans l'état de ses finances, qui ont été bien mal menées par son frère. Cependant, avec ce qui appartenait encore au marquis, il restera à la jeune femme une fortune très-suffisante pour elle et son fils. De ce côté, elle n'éprouve donc aucun regret, et se trouverait satisfaite de sa position si les dernières paroles de son frère ne troublaient sa tranquillité et ne lui revenaient souvent à la pensée : « J'ai un grand secret à te révéler, » lui avait dit Gontran, et malheureusement il n'avait pas eu la force d'en dire davantage. Quel pouvait être ce secret? Voilà ce qu'elle répétait souvent à M. de Charmeuse, qui était aussi désolé qu'elle de ce que Gontran n'en avait dit plus.

— Ce secret doit avoir rapport à votre mariage, disait Édouard; le marquis se sentait mourir, et, pressé par le remords, allait peut-être vous donner un moyen de faire rompre cette ridicule union!...

— Je le crois, car il semblait être bien repentant du mal qu'il m'avait fait...

— Faut-il qu'il n'ait pas eu la force d'en dire plus... et qu'il emporte avec lui dans la tombe un secret dont la révélation aurait peut-être fait notre bonheur à tous!... Ah! le destin est toujours contre nous!...

Ludger avait appris la mort du marquis et n'avait pas donné le moindre regret à ce monsieur qui était l'auteur de la fausse position dans laquelle il se voyait obligé de passer toute sa vie. Sans doute, il pouvait se dire qu'il n'aurait pas dû accepter la proposition qu'on lui avait faite, qu'il était le maître de conserver sa liberté. Mais lorsque, dans une situation malheureuse, on nous offre un moyen de nous en tirer, si ce moyen n'est pas toujours approuvé par la morale, celui qui le propose n'est-il pas aussi coupable que le pauvre diable qui l'accepte?

Enfin, en se rendant près de son jeune élève, le professeur ne craignait plus de rencontrer le marquis qu'il ne connaissait pas, puisqu'il ne l'avait vu que masqué, mais dont il ne doutait pas qu'il serait reconnu; il pensait bien que sa vue ne serait nullement agréable à ce monsieur, et cette idée lui causait une certaine frayeur chaque fois qu'il entrait dans l'hôtel de Ravageole. Cette frayeur était fondée; et si la mort n'avait pas surpris si brusquement le frère de Valentine, nous savons que son intention était en effet de ne plus laisser Ludger venir chez sa sœur.

Telle était la situation dans laquelle la mort du brillant Gontran de Ravageole avait laissé de personnes auxquelles il avait fait une si singulière existence, lorsqu'un matin un homme se présenta à l'hôtel de Ravageole, et demanda à parler à M. le marquis. Cet homme était le même qui, quelques mois auparavant, s'était déjà présenté et avait obtenu un entretien particulier du marquis. Bien que cette fois sa tenue fût beaucoup plus convenable et n'annonçât plus la misère, les gens de l'hôtel l'avaient reconnu sur-le-champ. C'était bien, en effet, Robertot qui revenait faire une visite à Gontran, et qui demeure tout surpris lorsqu'un valet lui dit :

— Vous voulez voir M. le marquis de Ravageole?... mais vous ignorez donc ce qui est arrivé depuis que vous êtes venu ici?...

— Quoi?... qu'est-il arrivé?... Je ne sais rien, en effet... j'ai fait une petite tournée à Bade... à Hombourg... J'étais bien aise de connaître ces villes où l'on joue à la roulette et où l'on peut faire fortune en quelques heures. Je voulais chercher, étudier une manière pour gagner toujours...

— Eh bien, pendant que vous étiez en train d'étudier la roulette, M. le marquis s'est amusé, lui, à se battre en duel, ce qui, du reste, lui arrivait assez souvent ; mais ordinairement il était vainqueur, car c'était un tireur excellent. Cette fois, cependant, il a trouvé son maître ; il a reçu un grand coup d'épée en pleine poitrine, et n'a survécu que quelques heures...

— Ah ! mon Dieu ! que me dites-vous !... M. de Ravageole serait mort ?

— Depuis deux mois à peu près.

Robertot est consterné : la mort de son ancien maître vient de détruire toutes ses espérances, toutes ses ressources pour l'avenir. Il reste quelques instants indécis sur ce qu'il doit faire ; un seul espoir lui reste, et il s'adresse de nouveau au valet qui lui a appris la mort de Gontran.

— M. de Ravageole est mort... mais madame sa sœur...

— La comtesse de Valgrave, voulez-vous dire ?... Elle demeure toujours ici avec son fils...

— Ah ! elle demeure toujours ici... et on la nomme toujours la comtesse de Valgrave ?...

— Plaisante question ! Comment voulez-vous qu'on la nomme ?...

— Je veux dire... qu'elle aurait pu songer à se... remarier...

— Oh ! il n'en est pas du tout question... bien que M. de Charmeuse vienne toujours aussi assidûment faire sa cour à madame...

— Bon... très-bien !... Ne pourrai-je pas avoir l'honneur de présenter mes devoirs à madame... la comtesse ?... Je suis Robertot... ancien valet de chambre de M. le marquis.

— Je vais aller m'informer si madame veut vous recevoir.

Le domestique s'éloigne, et Robertot se dit :

— M. de Ravageole sera mort sans avoir eu le temps de tout divulguer à sa sœur, ou il aura voulu emporter son secret dans la tombe. Mais moi, je n'ai plus aucune raison pour le garder, ce secret-là, et sa connaissance va terriblement changer les choses... Si le marquis avait parlé, je n'aurais plus rien à faire ici, plus rien à espérer ; mais si, comme tout me l'annonce, on ne sait rien... je crois que ma révélation me vaudra encore une assez jolie récompense... il faut tirer parti de tout !

Valentine était chez elle ; Armand était en train de prendre la leçon que lui donnait Ludger, et la jeune femme aimait à entendre les naïves questions que son fils adressait à son professeur. M. de Charmeuse, qui venait d'arriver, assistait aussi avec plaisir aux progrès d'un enfant qu'il avait le droit d'aimer comme un père.

Le valet vient demander à madame si elle veut bien recevoir un homme qui se nomme Robertot, et se dit ancien valet de chambre du marquis de Ravageole.

— Robertot ! murmure Valentine, oui... je me rappelle ce nom-là... c'était, autant qu'il m'en souvient, un assez mauvais sujet, que mon frère avait eu vingt fois l'intention de renvoyer, et qu'il gardait toujours je ne sais pourquoi... Que peut me vouloir cet homme ?...

— Peut-être, dit Charmeuse, le marquis lui avait-il fait quelque promesse... et Robertot vient savoir s'il vous a chargée de la tenir... En tout cas, il me semble que vous pouvez toujours entendre cet homme... si, comme cela est probable, il cherche à exploiter votre bienfaisance... fiez-vous à moi pour deviner ses intentions...

La comtesse dit au valet d'introduire Robertot ; et Ludger, toujours discret, demande s'il doit se retirer.

— Non, non, restez, monsieur Ludger, dit Valentine ; cet homme ne peut rien avoir à me dire que tout le monde ne puisse entendre...

Robertot, introduit dans la pièce, où se trouvent en ce moment maître Ficheclaque et M. de Charmeuse. Bien qu'il se présente d'un air humble et respectueux, dès son entrée chez Valentine, Robertot a reconnu le professeur qui est assis devant une table, près de son élève, et M. Edouard de Charmeuse, qui se tient debout contre une cheminée. La réunion de ces divers personnages lui semble si singulière, qu'il ne peut s'empêcher de se sentir tout troublé en se trouvant devant eux.

— Vous avez désiré me parler, monsieur, dit Valentine en examinant Robertot. Qu'avez-vous à me dire... à me demander ?...

— Madame... en effet... j'ai à vous entretenir de choses... fort importantes... mais en entrant ici... je ne m'attendais pas à y trouver d'autres personnes...

— Ces personnes-là ne sauraient, je pense, vous empêcher de me dire ce qui vous amène, monsieur... car je ne présume pas que vous ayez quelque chose de mystérieux à me communiquer...

— Pardonnez-moi, madame, ce que j'ai à vous apprendre est de la plus haute importance ; mais, en y réfléchissant, je trouve au contraire que la présence de maître Ludger Ficheclaque est une circonstance heureuse, car ce que j'ai à vous dire, madame, intéresse également M. le professeur.

Ces paroles causent une vive émotion à tous les personnages, et Ludger, qui depuis quelques instants examinait attentivement Robertot, s'écrie bientôt :

— Mais je vous reconnais maintenant, monsieur ; c'est vous qui êtes venu me trouver dans les environs de Louveciennes, c'est vous qui...

— Oui, monsieur, oui, c'est moi. Mais si madame veut bien me permettre de parler, elle va connaître enfin toute la vérité... que M. le marquis est mort sans lui avoir révélée...

— Quoi ! monsieur... ce grand secret que mon frère voulait m'apprendre, lorsque la mort l'a empêché de parler... vous le connaissez ?...

— Parfaitement, madame...

— Oh ! parlez, de grâce.

— Je vais en parlant m'avouer un grand coupable... un grand misérable !... mais madame me pardonnera, j'ose l'espérer, en faveur de la joie que je vais lui causer...

— Expliquez-vous donc, monsieur...

— M. le marquis votre frère était votre tuteur... il gérait votre fortune, madame, et comme il en avait déjà dissipé une grande partie, il ne voulait pas que vous pussiez un époux auquel il aurait fallu rendre des comptes... bref, il fallait vous empêcher de jamais vous marier, et pour cela le meilleur moyen était de vous faire croire que vous l'étiez...

— Ô mon Dieu !...

— M. le marquis, qui daignait me témoigner de la confiance, m'avait dit plusieurs fois : « Cherche donc un moyen pour que ma sœur reste fille toute sa vie, » lorsqu'une confidence que vous fîtes à monsieur votre frère vous mit entièrement sous sa dépendance. C'est alors que je lui fis comprendre qu'il serait facile d'abuser de votre inexpérience et de vous faire croire que l'on vous mariait à un personnage de notre invention... il ne nous fallait pour cela que trouver un homme naïf, primitif, dont la position fût tellement précaire que, pour quelques billets de mille francs, il consentirait à perdre sa liberté... car il fallait que cet homme crût aussi qu'il était réellement marié, sans quoi il n'aurait pas tardé à faire connaître la vérité... Le hasard me fit rencontrer maître Ficheclaque ; je sus qu'il était sans ressources, sans espérance... presque sans pain... il accepta la proposition que je lui fis...

— Ô mon Dieu !... l'ai-je bien entendu ! murmure Valentine ; ainsi ce mariage...

— N'était que simulé, madame ; c'est moi qui osai revêtir les habits du ministre du Seigneur... les témoins étaient payés par le marquis... rien n'était si facile que de vous tromper... vous étiez entortillée, couverte de voiles, madame, et M. le professeur tellement troublé, qu'il n'était pas en état d'entendre ni de voir autour de lui... et d'ailleurs j'avais soin de parler si bas que vous ne pouviez pas saisir mes paroles...

— Il serait possible ! s'écrie Ludger, en sautant d'un bond par-dessus la table. Ainsi je ne suis pas marié... je suis libre... je suis garçon ?...

— Vous n'avez jamais cessé de l'être... Madame, me pardonnez-vous maintenant le rôle que j'ai joué dans tout ceci... en faveur de la déclaration que je vous fais aujourd'hui ?

Mais Valentine pouvait à peine répondre ; elle était tellement émue, elle se sentait tellement heureuse de n'avoir pas été mariée, qu'elle souriait et pleurait en même temps, pressant son cœur, et tendant sa main à Charmeuse, qui la pressait dans les siennes en s'écriant :

— Enfin... vous serez donc à moi !...

Puis, se tournant vers Robertot qui attend, Charmeuse lui dit :

— Venez demain chez moi, monsieur, je vous donnerai une somme qui vous mettra à l'abri du besoin... puissiez-vous désormais devenir honnête homme et ne plus tromper personne !

Robertot s'incline et s'éloigne ; quant à Ludger, il est déjà parti, il a sauté les marches de l'escalier, bousculé tout ce qui se trouvait sur son passage, s'est mis à courir dans la rue, est arrivé comme un fou chez Angelle, en lui criant :

— Libre !... libre ! c'était un faux mariage... je puis vous épouser, chère Angelle... demain... tout de suite si c'était possible... je ne m'en vais pas sans avoir vu votre père... enfin vous serez ma femme !...

Angelle a peine à croire ce qu'elle entend ; il faut que Ludger lui explique, lui répète plusieurs fois ce que Robertot vient de déclarer à la sœur du marquis pour qu'elle se livre enfin à la joie que lui cause cette révélation inattendue. Alors elle est aussi heureuse que Ludger, et, pendant que celui-ci va trouver son père, elle se hâte de se rendre chez sa sœur pour lui apprendre qu'elle va enfin épouser le professeur.

— Est-ce bien sûr? dit Léonie.

— Oh! oui, car rien maintenant ne s'oppose à cette union ; plus tard, ma sœur, je te raconterai ce qui empêchait ce pauvre Ludger de me nommer sa femme, et tu verras que ce n'était pas parce qu'il m'aimait moins.

— C'est égal, dit Jolichose, l'affaire a été longtemps sur le tapis ; mais, puisqu'enfin vous vous mariez, je me flatte que la confection d'enfants va marcher mieux que jamais.

Trois semaines après cette journée qui avait changé la situation de deux familles, Valentine de Ravageole épousait Edouard de Charmeuse, et Angelle Picardin devenait la femme de Ludger Ficheclaque.

Et, lorsque plus tard Jolichose fut choisi pour être le parrain du premier enfant du professeur, il n'en voulut pas démordre et le nomma : *C'est-bien-heureux*.

Paris.— Imprimerie Walder, rue Bonaparte, 44.